【労働災害防止計画の変遷】

　「労働災害防止計画」は、労働災害を減少させるために国が重点的に取り組む事項を定めた5か年の中期計画です。

　昭和33年に第1次の労働災害防止計画となる「産業災害防止総合5か年計画」が策定されて以来、今回が第14次となります。

　第1次から第3次の計画は、労働基準法のもとで、多発する労働災害の防止を最重要課題として推進されてきました。昭和47年に労働安全衛生法が制定された後の第4次からは、同法第6条に基づく労働災害防止計画として、より高い安全衛生水準の確保を課題として取り上げており、第9次からはリスクアセスメントの活用による職場におけるリスクの体系的な削減を取り上げています。

　今回の第14次労働災害防止計画は、中小事業者なども含め、事業場の規模、雇用形態や年齢等によらず、どのような働き方においても、労働者の安全と健康が確保されていることを前提として、多様な形態で働く一人一人が潜在力を十分に発揮できる社会の実現に向け、国、事業者、労働者等の関係者が重点的に取り組むべき事項を定め、「アウトプット指標」と「アウトカム指標」の2段階の指標を設定することにより、計画の実効性を確保することとし、2023年3月8日に策定されました。

【第14次労働災害防止計画】

1　計画のねらい

（1）第14次労働災害防止計画が目指す社会

○労働者の安全衛生対策の責務を負う事業者や注文者及び労働者等の関係者による、安全衛生対策についての責任の認識及び真摯な取り組みの重要性、並びに、消費者・サービス利用者における安全衛生対策の必要性及び事業者から提供されるサービスの料金に安全衛生対策に要する経費が含まれることへの理解

○ウィズ・コロナ、ポスト・コロナ社会、またＤＸ（デジタルトランスフォーメーション）の進展も踏まえ、労働者の理解・協力を得ながら、プライバシー等の配慮やその有用性を評価しつつ、ウェアラブル端末、ＶＲ（バーチャル・リアリティ）やＡＩ等の活用を図る等、社会の多様性に対応

○労働者の安全衛生対策は事業者の責務であることを前提としつつ、事業者の経営戦略の観点からも「費用としての人件費から、資産としての人的投資」への変革の促進が進み、安全衛生対策に積極的に取り組む事業者が社会的に評価される環境の醸成により、安全と健康の確保の更なる促進を期待

○中小事業者等も含め、事業場の規模、雇用形態や年齢等によらず、どのような働き方においても、労働者の安全と健康が確保されることを前提として、多様な形態で働く一人一人が潜在力を十分に発揮できる社会の実現

(2) 計画期間

2023年度から2027年度までの5か年を計画期間とする。

(3) 計画の目標

具体的な指標は次の2つである。

ア アウトプット指標

> 対象とする事項（重点事項）における取組の進捗状況を確認する指標

事業者が、次の（ア）から（カ）の対象となる事項への取組を行うことを前提としている。

（ア）労働者（中高年齢の女性を中心に）の作業行動に起因する労働災害防止対策の推進

（イ）高年齢労働者の労働災害防止対策の推進

（ウ）多様な働き方への対応や外国人労働者等の労働災害防止対策の推進

（エ）業種別の労働災害防止対策の推進

（オ）労働者の健康確保対策の推進

（カ）化学物質等による健康障害防止対策の推進

イ アウトカム指標

> アウトプット指標を達成した結果として期待される指標

アウトカム指標の達成を目指した場合に、労働災害全体としての削減結果として期待しているものは、

○死亡災害について、2022年と比較して、2027年までに5%以上削減する。

○死傷災害について、2021年までの増加傾向に歯止めをかけ、死傷者数については、
2022年と比較して2027年までに減少に転ずる。

【アウトプット指標とアウトカム指標】

アウトプット指標（2027年まで）	アウトカム指標（2027年まで）
（ア）労働者（中高年齢の女性を中心に）の作業行動に起因する労働災害防止対策の推進	
・転倒防止（ハード・ソフト両面からの対策）に取り組む事業場を50%以上とする ・卸売業・小売業／医療・福祉における正社員以外への安全衛生教育の実施率を80%以上とする ・介護・看護作業においてノーリフトケアを導入している事業場を2023年より増加させる	・転倒の年齢層別死傷年千人率を男女とも増加に歯止めをかける ・転倒による平均休業見込日数を40日以下とする ・社会福祉施設での腰痛の死傷年千人率を減少させる
（イ）高年齢労働者の労働災害防止対策の推進	
・「エイジフレンドリーガイドライン」に沿った対策を講じる事業場を50%以上とする	・60歳代以上の死傷年千人率を男女とも増加に歯止めをかける
（ウ）多様な働き方への対応や外国人労働者等の労働災害防止対策の推進	
・母国語や視聴覚教材を用いて、外国人労働者向けの災害防止の教育を実施している事業場を50%以上とする	・外国人労働者の死傷年千人率を全体平均以下とする

[計画の目標に関する概念図]

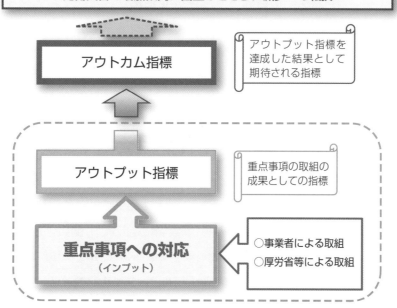

労働災害全体として期待される成果
5年間で死亡災害の5%削減
死傷災害の増加傾向に歯止めとさらに減少への転換

アウトカム指標

アウトプット指標を達成した結果として期待される指標

アウトプット指標

重点事項の取組の成果としての指標

重点事項への対応
（インプット）

○事業者による取組
○厚労省等による取組

（エ）業種別の労働災害防止対策の推進	
（陸上貨物運送事業）	
・「荷役作業における安全ガイドライン」に沿った対策を講じる事業場を45%以上とする	・死傷者数を2022年と比較して5%以上減少させる
（建設業）	
・墜落・転落災害防止に関するリスクアセスメントに取り組む事業場を85%以上とする	・死亡者数を2022年と比較して15%以上減少させる
（製造業）	
・機械による「はさまれ・巻き込まれ」防止対策に取り組む事業場を60%以上とする	・機械による「はさまれ・巻き込まれ」の死傷者数を5%以上減少させる
（林業）	
・「伐木等作業の安全ガイドライン」に基づく措置を実施する事業場の割合を50%以上とする	・伐木作業による死亡災害を重点として、労働災害の大幅な削減に向けて取り組み、死亡者数を15%以上減少させる
（オ）労働者の健康確保対策の推進	
・メンタルヘルス対策に取り組む事業場を80%以上とする ・使用する50人未満の小規模事業場のストレスチェック実施の割合を50%以上とする ・必要な産業保健サービスを提供している事業場を80%以上とする ・企業の年次有給休暇の取得率を70%以上（2025年まで） ・勤務間インターバル制度を導入している企業を15%以上（2025年まで）	・自分の仕事や職業生活に関することで強い不安、悩み又はストレスがあるとする労働者を50%未満（2027年まで） ・週労働時間40時間以上である雇用者のうち、週労働時間60時間以上の雇用者を5%以下（2025年まで）
（カ）化学物質等による健康障害防止対策の推進	
危険性又は有害性が把握されている化学物質のうち、 ・義務対象となっていない物質について、ラベル表示・SDSの交付を行っている事業場の割合を、それぞれ80%以上とする（2025年まで） ・義務対象となっていない物質について、リスクアセスメントを行っている事業場の割合を80%以上とする（2025年まで）。その上で、リスクアセスメントの結果により労働者の危険又は健康障害を防止する必要な措置をしている事業場の割合を80%以上とする（2027年まで） ・熱中症災害防止のために暑さ指数を把握し活用している事業場を2023年と比較して増加させる	・化学物質の性状に関連の強い死傷災害（有害物等との接触、爆発、火災によるもの）の件数を第13次労働災害防止計画期間と比較して、5%以上減少させる ・増加が見込まれる熱中症による死亡者数の増加率を第13次労働災害防止計画期間と比較して減少させる

2　安全衛生を取り巻く現状と施策の方向性

（1）死亡災害の発生状況と対策の方向性

　　死亡災害については、第13次防の目標はほぼ達成できたが、それぞれの業種の業務内容に起因する特有の災害が多く発生しており、引き続き、こうした死亡災害が多く発生している業種を中心に労働災害防止対策に取り組むことが必要である。

（2）死傷災害の発生状況と対策の方向性

　　死傷災害の増加については、

①労働災害発生率（死傷年千人率）が高い60歳以上の高年齢労働者が増加していること

②特に第三次産業への就労者の増加に伴って、機械設備等に起因する労働災害に代わり、対策のノウハウが蓄積されていない、労働者の作業行動に起因する労働災害が増加していること

③安全衛生の取組が遅れている第三次産業や中小事業場において労働災害が多く発生しており、その背景として、厳しい経営環境等様々な事情で安全衛生対策の取組が遅れている状況があること

④その他、直近の労働災害の増加については、新型コロナウイルス感染症の影響による生活様式の変化やこれに伴うデリバリーサービスや宅配需要の増加の影響があること

等、様々な要因が考えられることから、転倒防止対策や高年齢労働者に配慮した職場環境の整備等、中小事業者や第三次産業を中心に自発的な取組を促す環境整備が必要である。

（3）労働者の健康確保を巡る動向と対策の方向性

ア　メンタルヘルス対策関係

　　小規模事業場において、メンタルヘルス対策への取組が低調であること、また、精神障害等による労災請求件数及び認定件数は増加傾向にあることから、小規模事業場を中心にメンタルヘルス対策の取組支援が引き続き必要となっている。

イ　過重労働防止対策関係

　　週労働時間40時間以上である雇用者のうち、週労働時間60時間以上の雇用者の割合は、緩やかに減少している（令和3年：8.8%（労働力調査））ものの、依然として過重労働により脳・心臓疾患を発症したとして労災認定される事案が発生しており、引き続き、時間外・休日労働時間を削減する必要がある。

　　また、年次有給休暇の取得率は、増加傾向にあるが、引き続き、年次有給休暇の取得を促進し、年次有給休暇を取得しやすい環境を整備する必要がある。

　　さらに、勤務間インターバル制度を導入している企業の割合も同様に増加傾向にあるが、引き続き、労働者の健康の保持や仕事と生活の調和を図るため、勤務間インターバル制度の導入を促進する必要がある。

ウ　産業保健活動関係

　　労働者の健康保持増進に関する課題については、メンタルヘルスや働き方改革への対応、労働者の高年齢化や女性の就業率の上昇に伴う健康課題への対応、治療と仕事の両立支援、コロナ禍におけるテレワークの拡大や化学物質の自律的な管理への対応等、多様化しており、現場のニー

ズの変化に対応した産業保健体制や産業保健活動の見直しが必要である。

　さらに、使用する労働者数50人未満の事業場においては、産業保健活動が低調な傾向にあり、地域医療・保健との連携等も含め、こうした小規模事業場における産業保健体制の確保と活動の推進が必要となっている。

　このような状況を踏まえ、事業者には、法令で定める健康確保措置に加え、それぞれの事業場の特性に応じて優先的に対応すべき健康課題を検討し、必要な産業保健サービスを提供することが求められている。

（4）化学物質等による健康障害の現状と対策の方向性

　化学物質の性状に関連の強い労働災害（有害物等との接触、爆発、火災によるもの）は年間約500件発生しており、減少がみられない。また、個別規制の対象外となっている物質による労働災害が化学物質による労働災害の8割を占めている。

　個別規制の対象外となっている危険性又は有害性等を有する化学物質に対する自律的管理規制に関する法令改正が今後施行を迎えるが、その自律的な管理の定着が必要となっている。

　2030年頃に国内での石綿使用建築物の解体がピークを迎えるとされている中、建築物等の解体・改修工事において、更なる石綿ばく露防止対策等の確保・推進が必要である。

　じん肺、熱中症、騒音性難聴の予防対策についても更なる取組の推進が必要である。

（5）事業者が自発的に安全衛生対策に取り組むための意識啓発の重要性

　誰もが安全で健康に働くためには、労働者の安全衛生対策の責務を負う事業者や注文者のほか、労働者等の関係者が安全衛生対策について自身の責任を認識し、真摯に取り組むことが重要であり、このような考えを広く浸透させる努力を引き続き行っていくことも必要である。他方、これらの理念に反し、意図して安全衛生対策に取り組むことを怠り、労働災害の発生を繰り返す事業者に対しては、罰則の適用も含めた厳正な対応を行っていく。

　その上で、事業者が自発的に安全衛生対策に取り組むことが、事業者にとって経営や人材確保・育成の観点からもプラスとなることを周知する等、事業者による安全衛生対策の促進と社会的に評価される環境の整備が必要である。

　さらに、中小事業場への助成、大学教育等における安全衛生教育の促進が必要であり、加えて、国、労働安全衛生コンサルタント、労働災害防止団体等の関係者が事業場に安衛生対策に関し指導を行う際には、次のような説明が有効である。

・好事例、事業場の現状を踏まえた個別具体的な取組
・エビデンスに基づく具体的な労働災害防止の取組とその効果
・DXによる業務効率化と安全衛生の確保を両立する取組
・安全衛生への取組による経営、人材確保・育成の観点からの実利的なメリット

3 計画の重点事項

（労働者の協力を得て、事業者が取り組むことについての部分を抜粋）

（1）自発的に安全衛生対策に取り組むための意識啓発

ア 安全衛生対策に取り組む事業者が社会的に評価される環境整備

・安全衛生対策や産業保健活動の意義を理解し、必要な安全衛生管理体制を確保した上で、事業場全体として主体的に労働者の安全と健康保持増進のための活動に取り組む。

・国や労働災害防止団体が行う労働安全防止対策に係る支援及び労働安全衛生コンサルタントを活用し、自社の安全衛生活動を推進する。

イ 労働災害情報の分析機能の強化及び分析結果の効果的な周知

・労働者死傷病報告の提出に当たって、電子申請の普及や記載内容の充実等に取り組む。

ウ 労働安全衛生におけるDXの推進

・ＡＩやウェアラブル端末等のデジタル新技術を活用した効率的・効果的な安全衛生活動の推進及び危険有害な作業の遠隔管理、遠隔操作、無人化等による作業の安全化を推進する。

・健康診断情報の電磁的な保存・管理や保険者へのデータ提供を行い、プライバシー等に配慮しつつ、保険者と連携して、年齢を問わず、労働者の疾病予防、健康づくり等のコラボヘルスに取り組む。

・法に基づく申請等について、電子申請を活用する。

（2）労働者（中高年齢の女性を中心に）の作業行動に起因する労働災害防止対策の推進

・転倒災害は、加齢による骨密度の低下が顕著な中高年齢の女性をはじめとして極めて高い発生率となっており、対策を講ずべきリスクであることを認識し、その取組を進める。

・筋力等を維持し転倒を予防するため、運動プログラムの導入及び労働者のスポーツの習慣化を推進する。

・非正規雇用労働者も含めた全ての労働者への雇入れ時等における安全衛生教育の実施を徹底する。

・「職場における腰痛予防対策指針」（平成25年6月18日付け基発0618第1号）を参考に、作業態様に応じた腰痛予防対策に取り組む。

（3）高年齢労働者の労働災害防止対策の推進

・「エイジフレンドリーガイドライン」に基づき、高年齢労働者の就労状況等を踏まえた安全衛生管理体制の確立、職場環境の改善等の取組を進める。

・転倒災害が、対策を講ずべきリスクであることを認識し、その取組を進める。

・健康診断情報の電磁的な保存・管理や保険者へのデータ提供を行い、プライバシー等に配慮しつつ、保険者と連携して、年齢を問わず、労働者の疾病予防、健康づくり等のコラボヘルスに取り組む。

（4）多様な働き方への対応や外国人労働者等の労働災害防止対策の推進

・コロナ禍におけるテレワークの拡大等を受けて、自宅等でテレワークを行う際のメンタルヘルス対策や作業環境整備の留意点等を示した「テレワークの適切な導入及び実施の推進のためのガイドライン」（令和3年3月改定。以下「テレワークガイドライン」という。）や労働者の健康確保に必要な措置等を示した「副業・兼業の促進に関するガイドライン」（令和4年7月改定。以下「副業・兼業ガイドライン」という。）に基づき、労働者の安全と健康の確保に取り組む。

・外国人労働者に対し、安全衛生教育マニュアルを活用する等により安全衛生教育の実施や健康管理に取り組む。

（5）個人事業者等に対する安全衛生対策の推進

・労働者ではない個人事業者等に対する安全衛生対策については、「個人事業者等に対する安全衛生対策のあり方に関する検討会」における議論等を通じて、個人事業者等に関する業務上の災害の実態の把握に関すること、個人事業者自らによる安全衛生確保措置に関すること、注文者等による保護措置のあり方等に関して、事業者が取り組むべき必要な対応について検討する。

（6）業種別の労働災害防止対策の推進

ア　陸上貨物運送業対策

・「荷役作業における安全ガイドライン」に基づく安全衛生管理体制の確立、墜落・転落災害や転倒災害等の防止措置、保護帽等の着用、安全衛生教育の実施等荷主も含めた荷役作業における安全対策に取り組む。

・「職場における腰痛予防対策指針」を参考に作業態様に応じた腰痛予防対策に取り組む。

イ　建設業対策

・墜落・転落のおそれのある作業について、墜落により労働者に危険を及ぼすおそれのある箇所への囲い、手すり等の設置、墜落制止用器具の確実な使用、はしご・脚立等の安全な使用の徹底等及び高所からの墜落・転落災害の防止に取り組む。あわせて、墜落・転落災害の防止に関するリスクアセスメントに取り組む。

・労働者の熱中症や騒音障害を防止するため、「職場における熱中症予防基本対策要綱」に基づく暑さ指数の把握とその値に応じた措置の適切な実施や、「騒音障害防止のためのガイドライン」に基づく作業環境測定、健康診断、労働衛生教育等の健康障害防止対策に取り組む。

ウ　製造業対策

・「はさまれ・巻き込まれ」等による労働災害の危険性の高い機械等については、製造者（メーカー）、使用者（ユーザー）それぞれにおいてリスクアセスメントを実施し、労働災害の防止を図ることが重要であることから、「機械の包括的な安全基準に関する指針」に基づき、使用者においてもリスクアセスメントが適切に実施できるよう、製造者は、製造時のリスクアセスメントを実施しても残留するリスク情報を、機械等の使用者へ確実に提供する。

・機能安全の推進により機械等の安全水準を向上させ、合理的な代替措置により安全対策を推進する。

エ　林業対策

・「伐木等作業の安全ガイドライン」、「林業の作業現場における緊急連絡体制の整備等のための ガイドライン」（平成6年7月18日付け基発第461号の3。以下「林業の緊急連絡体制整備ガイドライン」という。）等について労働者への周知や理解の促進を図るとともに、これらに基づき、安全な伐倒方法やかかり木処理の方法、保護具の着用、緊急時における連絡体制等の整備や周知、通信機器の配備、教育訓練等の安全対策を確実に実施する。

（7）労働者の健康確保対策の推進

ア　メンタルヘルス対策

・ストレスチェックの実施のみにとどまらず、ストレスチェック結果をもとに集団分析を行い、その集団分析を活用した職場環境の改善まで行うことで、メンタルヘルス不調の予防を強化する。

・事業主が職場における優越的な関係を背景とした言動に起因する問題に関して「雇用管理上講ずべき措置等についての指針」に基づく取組をはじめ、職場におけるハラスメント防止対策に取り組む。

イ　過重労働対策

・「過重労働による健康障害を防止するため事業者が講ずべき措置」に基づき、次の措置を行う。

①　時間外・休日労働時間の削減、労働時間の状況の把握、健康確保措置等

②　年次有給休暇の確実な取得の促進

③　勤務間インターバル制度の導入等、労働時間等設定改善指針（平成20年厚生労働省告示第108号）に基づく労働時間等の設定の改善

・長時間労働による医師の面接指導の対象となる労働者に対して、医師による面接指導や、保健師等の産業保健スタッフによる相談支援を受けるよう勧奨する。

ウ　産業保健活動の推進

・事業場ごとの状況に応じた産業保健活動を行うために必要な産業保健スタッフを確保し、労働者に対して必要な産業保健サービスを提供するとともに、産業保健スタッフが必要な研修等が受けられるよう体制を整備する。

・治療と仕事の両立支援に関して、支援を必要とする労働者が支援を受けられるように、労働者や管理監督者等に対する研修の実施等の環境整備に取り組む。

・事業者及び労働者は、産業医や保健師に加えて、医療機関や支援機関等の両立支援コーディネーターを積極的に活用し、治療と仕事の両立の円滑な支援を図る。

（8）化学物質等による健康障害防止対策の推進

ア　化学物質による健康障害防止対策

・化学物質を製造し、取り扱い、又は譲渡・提供する事業者において、化学物質管理者の選任及び外部専門人材の活用を行うに当たり、次の2つの事項を的確に実施する。

①　化学物質を製造する事業者は、製造時等のリスクアセスメント等の実施及びその結果に基づく自律的なばく露低減措置を実施し、並びに譲渡提供時のラベル表示・SDSを交付する。

SDSの交付に当たっては、必要な保護具の種類も含め「想定される用途及び当該用途における使用上の注意」を記載する。

② 化学物質を取り扱う事業者は、入手したSDS等に基づくリスクアセスメント等の実施及びその結果に基づく自律的なばく露低減措置を実施する。

イ 石綿、粉じんによる健康障害防止対策

・適正な事前調査のため、建築物石綿含有建材調査者講習修了者等の石綿事前調査に係る専門性を有する者による事前調査を確実に実施する。

・石綿事前調査結果報告システムを用いた事前調査結果の的確な報告及び事前調査結果に基づく適切な石綿ばく露防止対策を実施する。

・解体・改修工事発注者による適正な石綿ばく露防止対策に必要な情報提供・費用等の配慮について、周知を図る。

・粉じんばく露作業に伴う労働者の健康障害を防止するため、粉じん障害防止規則その他関係法令の遵守のみならず、第10次粉じん障害防止総合対策に基づき、粉じんによる健康障害を防止するための自主的取組を推進する。

・トンネル工事を施工する事業者は、所属する事業場が転々と変わるトンネル工事に従事する労働者の健康管理を行いやすくするため、「ずい道等建設労働者健康管理システム」に、労働者のじん肺関係の健康情報、有害業務従事歴等を登録する。

ウ 熱中症、騒音による健康障害防止対策

・「職場における熱中症予防基本対策要綱」を踏まえ、暑さ指数の把握とその値に応じた熱中症予防対策を適切に実施する。あわせて、作業を管理する者及び労働者に対してあらかじめ労働衛生教育を行うほか、衛生管理者等を中心に事業場としての管理体制を整え、発症時・緊急時の措置を確認し、周知する。その他、熱中症予防に効果的な機器・用品の活用も検討する。

・労働者は、熱中症を予防するために、日常の健康管理を意識し、暑熱順化を行ってから作業を行う。あわせて、作業中に定期的に水分・塩分を摂取するほか、異変を感じた際には躊躇することなく周囲の労働者や管理者に申し出る。

・労働者の騒音障害を防止するために、「騒音障害防止のためのガイドライン」に基づく作業環境測定、健康診断、労働衛生教育等に取り組む。

エ 電離放射線による健康障害防止対策

・東京電力福島第一原子力発電所の廃炉に向けた作業（以下「廃炉作業」という。）や帰還困難区域等で行われる除染等の作業に従事する労働者に対する安全衛生管理、被ばく線量管理、被ばく低減対策、健康管理等を徹底する。

・東京電力福島第一原子力発電所での緊急作業に従事した労働者に対して、「原子力施設等における緊急作業従事者等の健康の保持増進のための指針」（平成27年8月31日健康の保持増進のための指針公示第6号）に基づく健康管理を実施する。

・医療従事者の被ばく線量管理及び被ばく低減対策の取組を推進するとともに、被ばく線量の測定結果の記録等の保存について管理を徹底する。

第14次労働災害防止計画の目標と労働災害による死亡者数、死傷者数の推移

※新型コロナウイルス感染症へのり患による労働災害をのぞく

死 亡 者 数

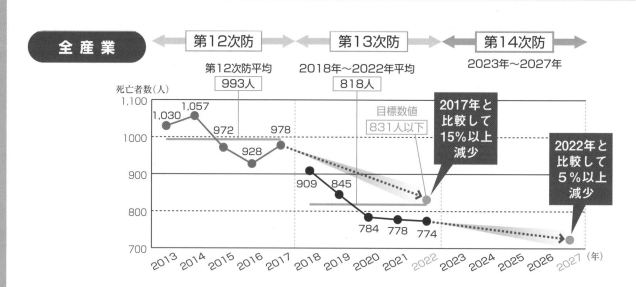

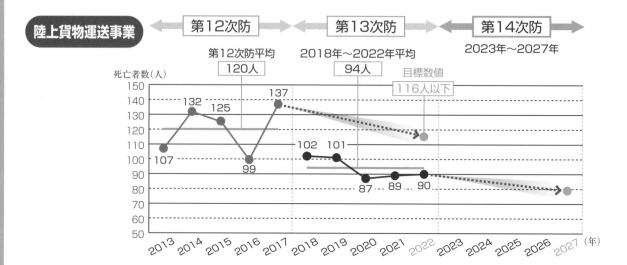

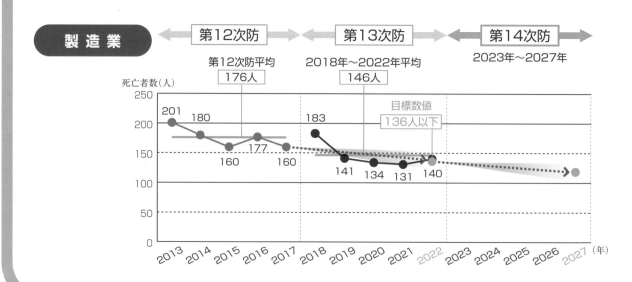

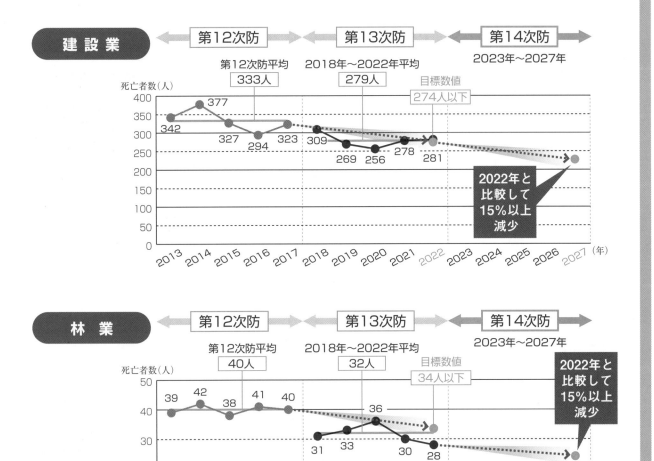

建設業

第12次防 ←→ 第13次防 ←→ 第14次防
2023年～2027年

死亡者数（人）

第12次防平均 333人
2018年～2022年平均 279人
目標数値 274人以下

400
350
300
250
200
150
100
50
0

342　377　327　294　323　309　269　256　278　281

2013 2014 2015 2016 2017 2018 2019 2020 2021 2022 2023 2024 2025 2026 2027（年）

2022年と比較して15%以上減少

林　業

第12次防 ←→ 第13次防 ←→ 第14次防
2023年～2027年

死亡者数（人）

第12次防平均 40人
2018年～2022年平均 32人
目標数値 34人以下

2022年と比較して15%以上減少

50
40
30
20
10
0

39　42　38　41　40　31　33　36　30　28

2013 2014 2015 2016 2017 2018 2019 2020 2021 2022 2023 2024 2025 2026 2027（年）

資料出所：厚生労働省「死亡災害報告」（2023年5月23日確定値）

死傷者数

全産業

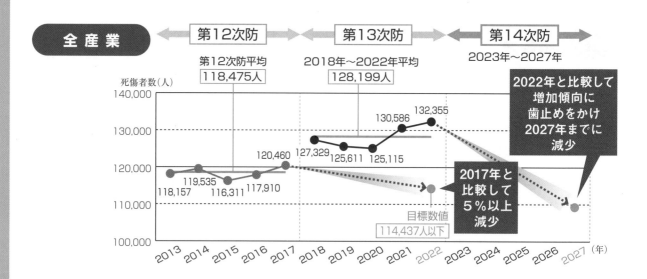

第12次防 第13次防 第14次防
2023年～2027年

第12次防平均
118,475人

2018年～2022年平均
128,199人

2022年と比較して増加傾向に歯止めをかけ2027年までに減少

2017年と比較して5％以上減少

死傷者数（人）

118,157 / 119,535 / 116,311 / 117,910 / 120,460 / 127,329 / 125,611 / 125,115 / 130,586 / 132,355

目標数値
114,437人以下

2013 2014 2015 2016 2017 2018 2019 2020 2021 2022 2023 2024 2025 2026 2027（年）

陸上貨物運送事業

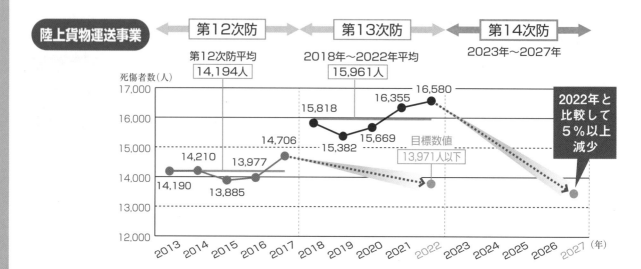

第12次防 第13次防 第14次防
2023年～2027年

第12次防平均
14,194人

2018年～2022年平均
15,961人

2022年と比較して5％以上減少

死傷者数（人）

14,190 / 14,210 / 13,885 / 13,977 / 14,706 / 15,818 / 15,382 / 15,669 / 16,355 / 16,580

目標数値
13,971人以下

2013 2014 2015 2016 2017 2018 2019 2020 2021 2022 2023 2024 2025 2026 2027（年）

第3次産業（重点業種）

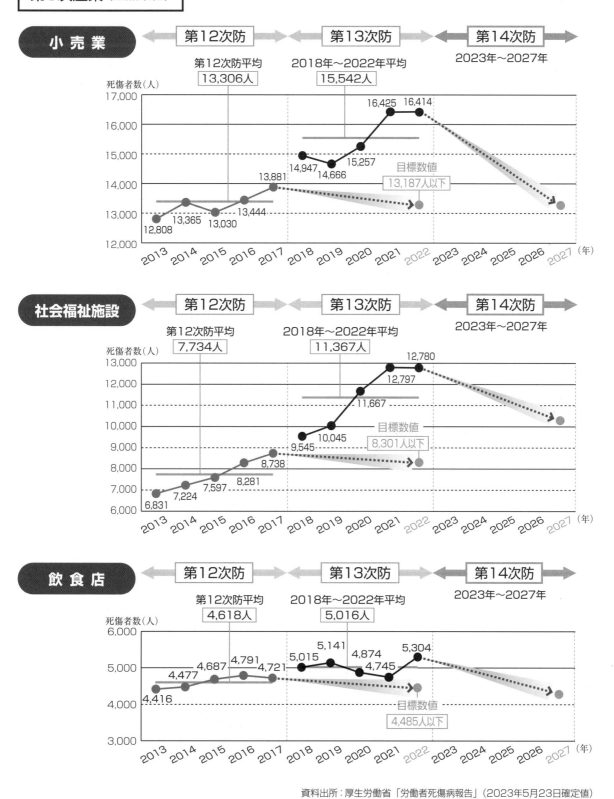

小　売　業

第12次防 ← → 第13次防 ← → 第14次防
2023年〜2027年

死傷者数（人）

第12次防平均
13,306人

2018年〜2022年平均
15,542人

16,425　16,414
14,947　14,666　15,257
13,881
12,808　13,365　13,030　13,444

目標数値
13,187人以下

17,000
16,000
15,000
14,000
13,000
12,000

2013 2014 2015 2016 2017 2018 2019 2020 2021 2022 2023 2024 2025 2026 2027（年）

社会福祉施設

第12次防 ← → 第13次防 ← → 第14次防
2023年〜2027年

死傷者数（人）

第12次防平均
7,734人

2018年〜2022年平均
11,367人

12,780
12,797
11,667
10,045
9,545
8,738
6,831　7,224　7,597　8,281

目標数値
8,301人以下

13,000
12,000
11,000
10,000
9,000
8,000
7,000
6,000

2013 2014 2015 2016 2017 2018 2019 2020 2021 2022 2023 2024 2025 2026 2027（年）

飲　食　店

第12次防 ← → 第13次防 ← → 第14次防
2023年〜2027年

死傷者数（人）

第12次防平均
4,618人

2018年〜2022年平均
5,016人

5,141
5,015　4,874　5,304
4,687　4,791　4,721　4,745
4,477
4,416

目標数値
4,485人以下

6,000
5,000
4,000
3,000

2013 2014 2015 2016 2017 2018 2019 2020 2021 2022 2023 2024 2025 2026 2027（年）

資料出所：厚生労働省「労働者死傷病報告」（2023年5月23日確定値）

化学物質による労働災害発生状況

①特定化学物質障害予防規則等に基づく個別規制の対象物質による労働災害発生状況

個別規制の対象外となっている化学物質による労働災害が全体の約8割

	件数 （平成30年）	障害内容別の件数（重複あり）		
		中毒等	眼障害	皮膚障害
特別規則対象物質	77（18.5%）	38 （42.2%）	18 （20.0%）	34 （37.8%）
特別規則以外のSDS交付義務対象物質	114（27.4%）	15 （11.5%）	40 （30.8%）	75 （57.7%）
SDS交付義務対象外物質	63（15.1%）	5 （7.5%）	27 （40.3%）	35 （52.2%）
物質名が特定できていないもの	162（38.9%）	10 （5.8%）	46 （26.7%）	116 （67.4%）
合計	416	68 （14.8%）	131 （28.5%）	260 （56.6%）

特別規則対象物質
（77件、18.5%）

個別規制対象外物質
（339件、81.4%）

出典：労働者死傷病報告（2018年）

②起因物（危険物、有害物等）別の発生状況

起因物	件数
有害物	195
爆発性の物等	19
引火性の物	101
可燃性のガス	49
その他の危険物、有害物	440
合計	804

化学物質の性状に関連の強い労働災害
（有害物等との接触、爆発、火災によるもの）が**年間約800件発生**

出典：労働者死傷病報告（2022年）

③業種別の発生状況

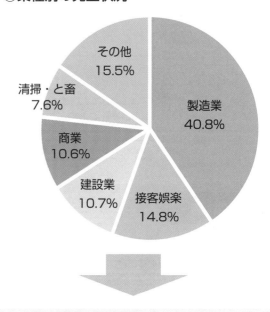

その他 15.5%
清掃・と畜 7.6%
商業 10.6%
建設業 10.7%
接客娯楽 14.8%
製造業 40.8%

製造業のみならず、第三次産業、建設業における労働災害も多い

出典：労働者死傷病報告（2022年）

労働安全衛生法のポイント

　高度経済成長の陰で労働災害は増加し、1960年代には年間6千人を超える尊い命が失われ、労災新規受給者数が170万人に達していました。当時の労働安全衛生関係の規制は労働基準法（僅か14カ条）の下で行われていましたが、危険な機械等や有害な化学物質の製造等の規制、それらの流通段階での規制、重層下請、建設工事における共同企業体（ＪＶ）等の特殊な労働関係での安全衛生管理、発がん性に係わる有害物の取扱業務従事者の離職後の健康管理対策等、直接の雇用関係を前提とする労働基準法の規制ではその対応ができず、また、健康で快適な職場環境づくりをめざす幅広い安全衛生行政の展開や中小企業への援助指導も、労働基準法の最低基準確保の規制では対応が困難となっていました。

　公害問題や大規模事故災害の多発等、高度経済成長の歪みが大きな社会問題となったことを背景として、総合的計画的な安全衛生対策の推進を目ざして、1972（昭和47）年に労働安全衛生法（以下「安衛法」という）が労働基準法から分離して単独法として制定されました。

1　目的（第１条）

（目的）
第一条　この法律は、労働基準法（昭和二十二年法律第四十九号）と相まつて、労働災害の防止のための危害防止基準の確立、責任体制の明確化及び自主的活動の促進の措置を講ずる等その防止に関する総合的計画的な対策を推進することにより職場における労働者の安全と健康を確保するとともに、快適な職場環境の形成を促進することを目的とする。

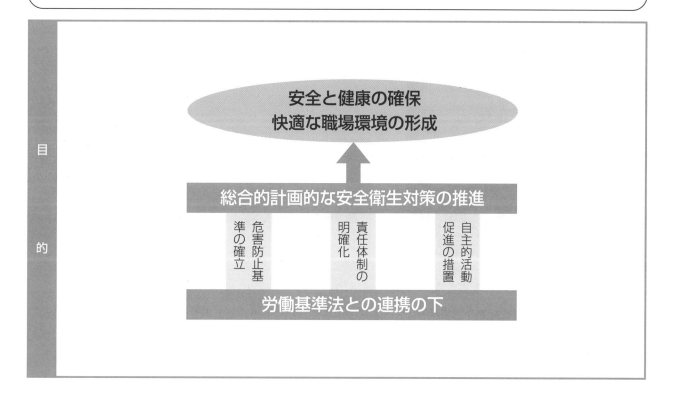

2　定義等

(1)　労働災害

労働者が業務上負傷し、疾病にかかり、または死亡することと定義される

(2)　事業者・労働者（法第2条）

①事業者

事業者とは、事業を行う者で労働者を使用するものをいう。すなわち、事業者とは、法人企業の場合は法人そのもの、個人企業の場合は個人経営主となる。

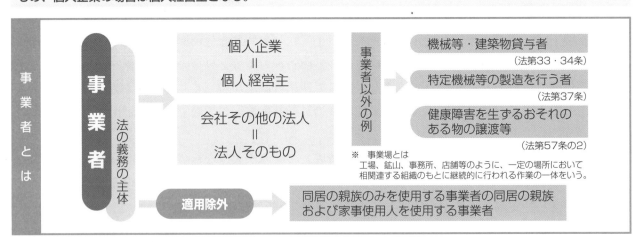

②労働者（労働基準法第9条）

i 職業の種類を問わず、

ii 事業または事務所に使用され、

iii 賃金を支払われる者

(3)　事業者等の責務

趣旨：事業者等が果たすべき役割についての考え方を示す。

①事業者等の責務（法第3条・法第4条・法第5条）

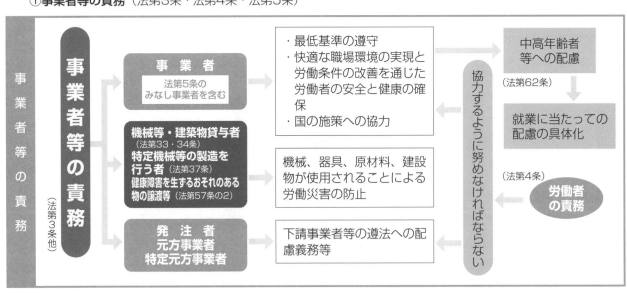

②中高年齢者等についての配慮（法第62条）

趣旨：中高年齢者や身体に障害がある者等は、一般に平衡機能、筋力、感覚機能等や障害のある部位の機能が低下しているので、例えば高齢者の高所作業はできるだけ避けるなどその心身の条件に応じて適正な配置を行うことが必要である。

（4） 労働災害防止計画（法第6条〜法第9条）

趣旨：労働災害防止を総合的・計画的に推進するため、
ⅰ 労働災害防止計画を樹立し、これに基づき具体的施策を講ずること。
ⅱ 労働災害防止計画を事業者等に周知し、官民一体となって推進すること。

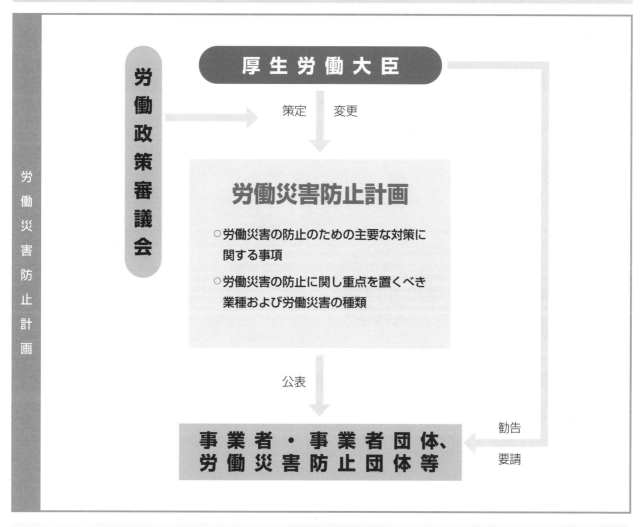

勧告・要請
労働災害防止計画の的確・円滑な実施のためには事業者その他関係者の協力が不可欠

事業者、事業者団体、労働災害防止団体等への勧告・要請

3 安全衛生管理体制

趣旨：事業者が安全衛生への自主的取組を促進する上で、安全衛生管理体制の確立は必要不可欠。

事業場における安全衛生の管理体制について、次のように定められています。

① 安全管理体制：総括安全衛生管理者、安全管理者、安全衛生推進者および作業主任者の選任。
安全委員会の設置。

② 衛生管理体制：総括安全衛生管理者、衛生管理者、安全衛生推進者（または衛生推進者）、作業主任者および産業医の選任。
衛生委員会の設置。

③ 下請が混在して作業を行う事業場における安全衛生管理体制：統括安全衛生責任者、元方安全衛生管理者、店社安全衛生管理者および安全衛生責任者の選任。

（1） 総括安全衛生管理者（法第10条）

趣旨：企業の生産活動と一体となった安全衛生の管理を行える体制の整備。

総括安全衛生管理者を選任すべき事業場　　　　　（労働安全衛生法施行令（以下令）第2条）

業　　種	選任が必要な事業場の規模 （常時使用する労働者の数）
林業、鉱業、建設業、運送業および清掃業	100人以上
製造業（物の加工業を含む。）、電気業、ガス業、熱供給業、水道業、通信業、各種商品卸売業、家具・建具・じゅう器等卸売業、各種商品小売業、家具・建具・じゅう器小売業、燃料小売業、旅館業、ゴルフ場業、自動車整備業および機械修理業	300人以上
その他の業種	1,000人以上

※派遣労働者、出向者、アルバイト、パートタイマーの数も含む

〈大規模事業場〉

総括安全衛生管理者を中心とする安全衛生管理体制

事業者
選任事由の発生から14日以内に選任し、遅滞なく労働基準監督署長に届出（安衛則第2条）

業務執行に関する勧告　→　都道府県労働局長
（法第10条第3項）

↓

総括安全衛生管理者
（工場長等）
（法第10条）

指揮　→　救護に関する措置について技術的事項を管理する者
（法第25条の2）

統括管理

指揮　→　安全管理者（法第11条）

指揮　→　衛生管理者（法第12条）

安全について技術的事項を管理

衛生について技術的事項を管理

救護に関する措置について技術的事項を管理

❶労働者の危険または健康障害を防止するための措置に関すること
❷労働者の安全または衛生のための教育の実施に関すること
❸健康診断の実施その他健康の保持増進のための措置に関すること
❹労働災害の原因の調査および再発防止対策に関すること
❺①～④のほか、労働災害を防止するため必要な業務で厚生労働省令で定めるもの（安衛則第3条の2）＝①安全衛生方針の表明②リスクアセスメント等の措置③安全衛生計画の作成・実施・評価・改善

（法第10条第1項第1～5号）

❶労働者の救護に関し必要な機械等の備付けおよび管理を行うこと
❷労働者の救護に関し必要な事項についての訓練を行うこと
❸①②のほか、爆発、火災等に備えて、労働者の救護に関し必要な事項を行うこと

（法第25条の2第1項第1～3号）

(2) 安全管理者（法第11条）

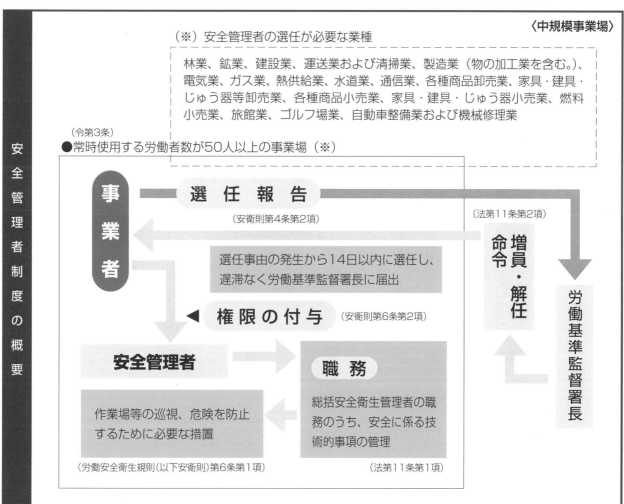

〈中規模事業場〉

（※）安全管理者の選任が必要な業種

林業、鉱業、建設業、運送業および清掃業、製造業（物の加工業を含む。）、電気業、ガス業、熱供給業、水道業、通信業、各種商品卸売業、家具・建具・じゅう器等卸売業、各種商品小売業、家具・建具・じゅう器小売業、燃料小売業、旅館業、ゴルフ場業、自動車整備業および機械修理業

（令第3条）
●常時使用する労働者数が50人以上の事業場（※）

安全管理者制度の概要

事業者 → **選 任 報 告**（安衛則第4条第2項）

選任事由の発生から14日以内に選任し、遅滞なく労働基準監督署長に届出

（法第11条第2項）
増員・解任 命令

労働基準監督署長

◀ **権 限 の 付 与**（安衛則第6条第2項）

安全管理者 → **職 務**

作業場等の巡視、危険を防止するために必要な措置

総括安全衛生管理者の職務のうち、安全に係る技術的事項の管理

（労働安全衛生規則（以下安衛則）第6条第1項）

（法第11条第1項）

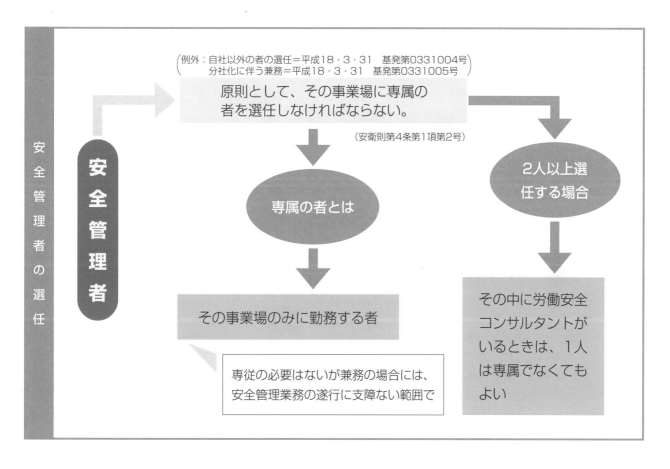

安全管理者の選任

（例外：自社以外の者の選任＝平成18・3・31　基発第0331004号
　　　　分社化に伴う兼務＝平成18・3・31　基発第0331005号）

原則として、その事業場に専属の者を選任しなければならない。

（安衛則第4条第1項第2号）

安全管理者

専属の者とは

2人以上選任する場合

その事業場のみに勤務する者

その中に労働安全コンサルタントがいるときは、1人は専属でなくてもよい

専従の必要はないが兼務の場合には、安全管理業務の遂行に支障ない範囲で

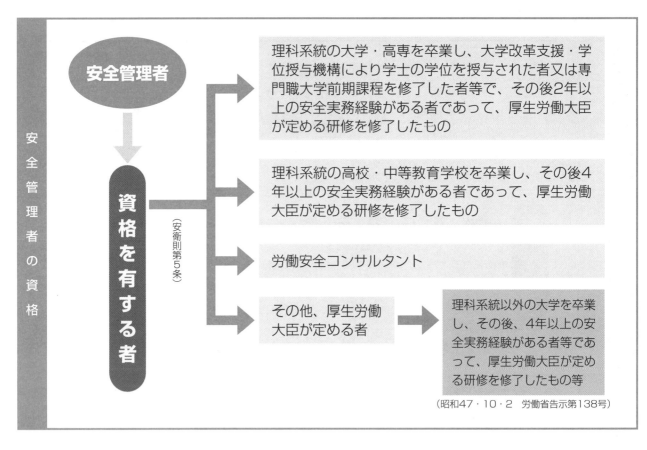

(3) **衛生管理者**（法第12条）

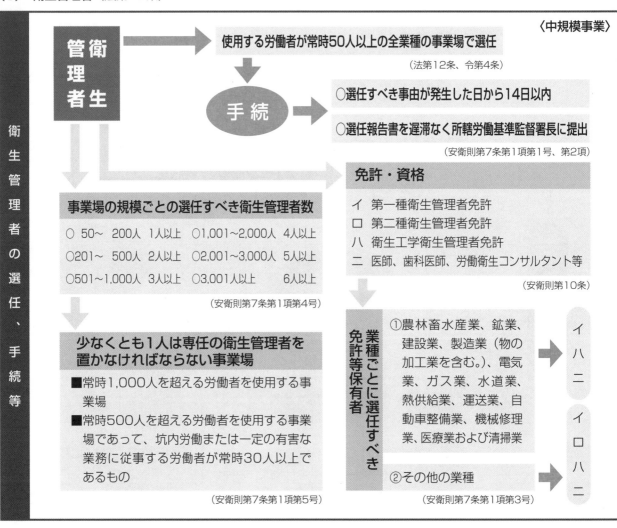

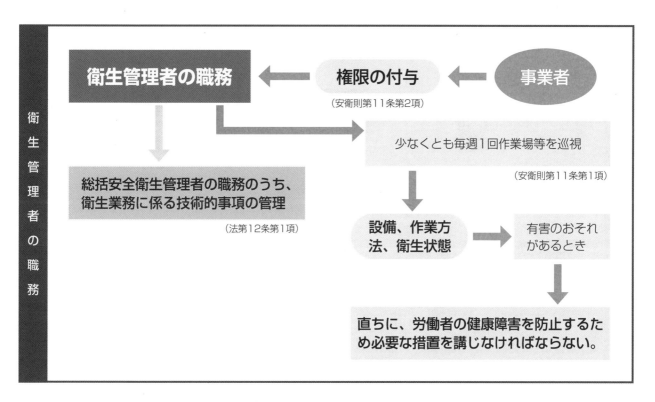

衛生管理者の職務

衛生管理者の職務 ← 権限の付与 ← 事業者
（安衛則第11条第2項）

↓

総括安全衛生管理者の職務のうち、衛生業務に係る技術的事項の管理
（法第12条第1項）

少なくとも毎週1回作業場等を巡視
（安衛則第11条第1項）

↓

設備、作業方法、衛生状態 → 有害のおそれがあるとき

↓

直ちに、労働者の健康障害を防止するため必要な措置を講じなければならない。

（4） 安全衛生推進者（または衛生推進者）（法第12条の2）

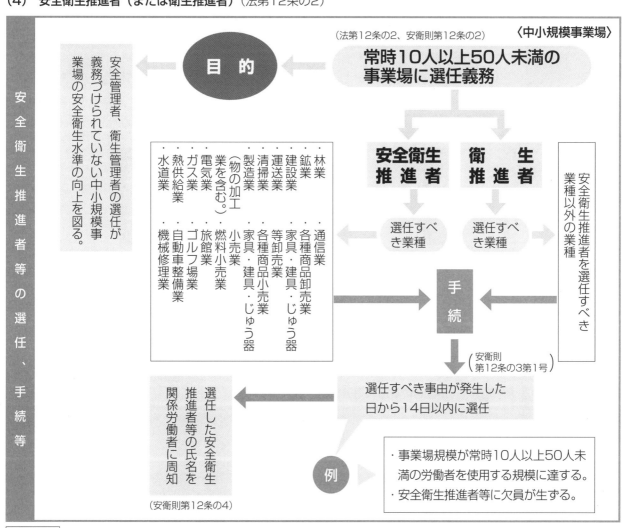

安全衛生推進者等の選任、手続等

〈中小規模事業場〉
（法第12条の2、安衛則第12条の2）

常時10人以上50人未満の事業場に選任義務

目 的 →

安全管理者、衛生管理者の選任が義務づけられていない中小規模事業場の安全衛生水準の向上を図る。

安全衛生推進者
選任すべき業種

衛生推進者
選任すべき業種

安全衛生推進者を選任すべき業種以外の業種

・林業
・鉱業
・建設業
・運送業
・清掃業
・製造業（物の加工業を含む。）
・電気業
・ガス業
・熱供給業
・水道業

・通信業
・各種商品卸売業
・家具・建具・じゅう器等卸売業
・各種商品小売業
・家具・建具・じゅう器小売業
・燃料小売業
・旅館業
・ゴルフ場業
・自動車整備業
・機械修理業

手続

↓
（安衛則第12条の3第1号）

選任すべき事由が発生した日から14日以内に選任

選任した安全衛生推進者等の氏名を関係労働者に周知
（安衛則第12条の4）

例 →
・事業場規模が常時10人以上50人未満の労働者を使用する規模に達する。
・安全衛生推進者等に欠員が生ずる。

安全推進者　〔参考〕　＊労働安全衛生法施行令第2条第3号に掲げる業種における安全推進者の配置等に係るガイドラインの策定について
（平成26年基発0328第6号）　※重点業種は、小売業、社会福祉施設、飲食店
＊＊常時10人以上の労働者を使用する小売業（各種商品小売業など、労働安全衛生法施行令第2条第2号に掲げる業種を除く）、
社会福祉施設、飲食店等には安全の担当者「安全推進者」を置くこと。

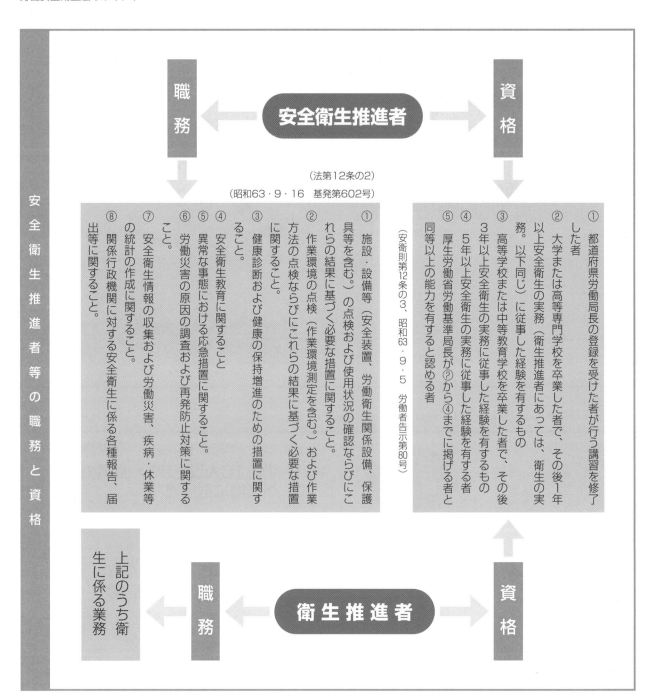

安全衛生推進者等の職務と資格

安全衛生推進者

職務 →

資格 →

(法第12条の2)
(昭和63・9・16　基発第602号)

① 施設・設備等（安全装置、労働衛生関係設備、保護具等を含む。）の点検および使用状況の確認ならびにこれらの結果に基づく必要な措置に関すること。

② 作業環境の点検（作業環境測定を含む。）および作業方法の点検ならびにこれらの結果に基づく必要な措置に関すること。

③ 健康診断および健康の保持増進のための措置に関すること。

④ 安全衛生教育に関すること

⑤ 異常な事態における応急措置に関すること。

⑥ 労働災害の原因の調査および再発防止対策に関すること。

⑦ 安全衛生情報の収集および労働災害、疾病・休業等の統計の作成に関すること。

⑧ 関係行政機関に対する安全衛生に係る各種報告、届出等に関すること。

(安衛則第12条の3、昭和63・9・5　労働者告示第80号)

① 都道府県労働局長の登録を受けた者が行う講習を修了した者

② 大学または高等専門学校を卒業した者で、その後1年以上安全衛生の実務（衛生推進者にあっては、衛生の実務。以下同じ）に従事した経験を有するもの

③ 高等学校または中等教育学校を卒業した者で、その後3年以上安全衛生の実務に従事した経験を有するもの

④ 5年以上安全衛生の実務に従事した経験を有する者

⑤ 厚生労働省労働基準局長が②から④までに掲げる者と同等以上の能力を有すると認める者

衛生推進者

職務 →

資格 →

上記のうち衛生に係る業務

---

(5)　産業医等（法第13条・法第13条の2）

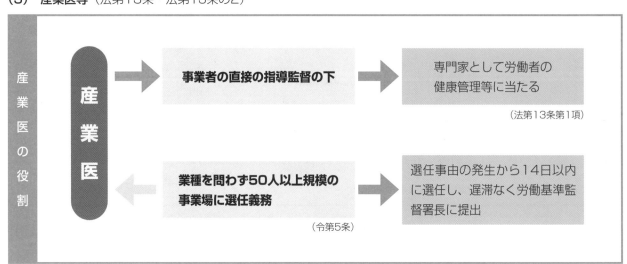

産業医の役割

産業医 → 事業者の直接の指導監督の下 → 専門家として労働者の健康管理等に当たる

(法第13条第1項)

業種を問わず50人以上規模の事業場に選任義務 → 選任事由の発生から14日以内に選任し、遅滞なく労働基準監督署長に提出

(令第5条)

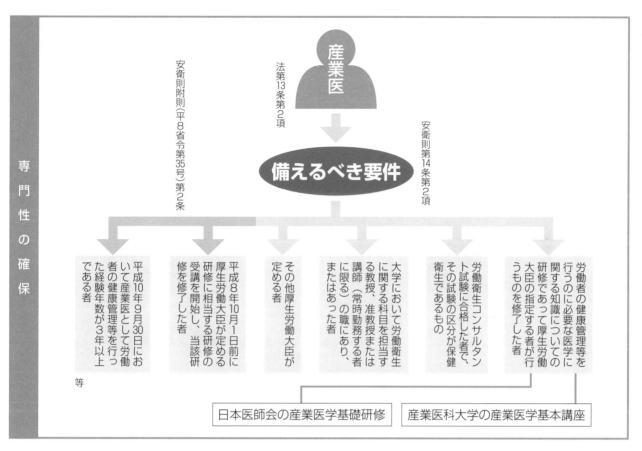

専門性の確保

産業医

法第13条第2項

備えるべき要件

安衛則第14条第2項

安衛則附則（平8省令第35号）第2条

平成10年9月30日において産業医として労働者の健康管理等を行った経験年数が3年以上である者

等

平成8年10月1日前に厚生労働大臣が定める研修に相当する研修の受講を開始し、当該研修を修了した者

その他厚生労働大臣が定める者

大学において労働衛生に関する科目を担当する教授、准教授または講師（常時勤務する者に限る）の職にあり、またはあった者

労働衛生コンサルタント試験に合格した者で、その試験の区分が保健衛生であるもの

労働者の健康管理等を行うのに必要な医学に関する知識についての研修であって厚生労働大臣の指定する者が行うものを修了した者

日本医師会の産業医学基礎研修

産業医科大学の産業医学基本講座

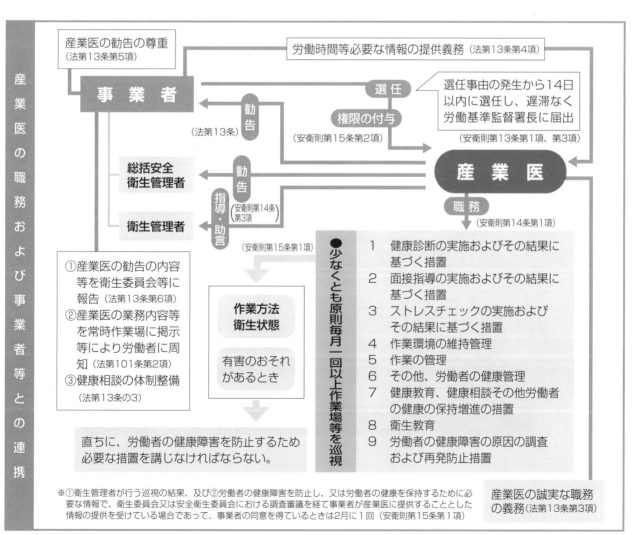

産業医の職務および事業者等との連携

産業医の勧告の尊重
（法第13条第5項）

労働時間等必要な情報の提供義務（法第13条第4項）

事業者

選任

選任事由の発生から14日以内に選任し、遅滞なく労働基準監督署長に届出

勧告
（法第13条）

権限の付与
（安衛則第15条第2項）

（安衛則第13条第1項、第3項）

総括安全衛生管理者

勧告

産業医

衛生管理者

指導・助言
（安衛則第14条第3項）

職務
（安衛則第14条第1項）

①産業医の勧告の内容等を衛生委員会等に報告（法第13条第6項）
②産業医の業務内容等を常時作業場に掲示等により労働者に周知（法第101条第2項）
③健康相談の体制整備（法第13条の3）

（安衛則第15条第1項）

作業方法
衛生状態

有害のおそれがあるとき

●少なくとも原則毎月一回以上作業場等を巡視

1　健康診断の実施およびその結果に基づく措置
2　面接指導の実施およびその結果に基づく措置
3　ストレスチェックの実施およびその結果に基づく措置
4　作業環境の維持管理
5　作業の管理
6　その他、労働者の健康管理
7　健康教育、健康相談その他労働者の健康の保持増進の措置
8　衛生教育
9　労働者の健康障害の原因の調査および再発防止措置

直ちに、労働者の健康障害を防止するため必要な措置を講じなければならない。

産業医の誠実な職務の義務（法第13条第3項）

※①衛生管理者が行う巡視の結果、及び②労働者の健康障害を防止し、又は労働者の健康を保持するために必要な情報で、衛生委員会又は安全衛生委員会における調査審議を経て事業者が産業医に提供することとした情報の提供を受けている場合であって、事業者の同意を得ているときは2月に1回（安衛則第15条第1項）

産業歯科医の職務

塩酸、硝酸、硫酸、亜硫酸、弗化水素、黄りんその他歯又はその支持組織に有害な物のガス、蒸気又は粉じんを発散する場所における業務に50人以上の労働者が従事する事業場（令第22条第3項）

事　業　者 ── 適時、意見の聴取（安衛則第14条第5項）→ **産業歯科医**

**総　括　安　全
衛生管理者**

歯又はその支持組織に係わる健康診断の実施（法第66条第3項）

健康診断の結果

勧告（安衛則第14条第6項）

産業医の選任義務のない事業場の労働者の健康管理等

常時50人未満の労働者を使用する事業場 → 産業医の選任義務なし

事業者

努　力　義　務

（依頼）
地域産業保健センター事業の実施に当たり名簿に記載されている保健師等
安衛則第15条の2第1項

健康管理等を行うのに必要な医学に関する知識を有する医師
法第13条の2

（利用）
地域産業保健センター事業の利用
安衛則第15条の2第2項

労働者の健康管理等

24

（6） 作業主任者（法第14条）〔巻末資料　表1参照〕

作業主任者制度の概要

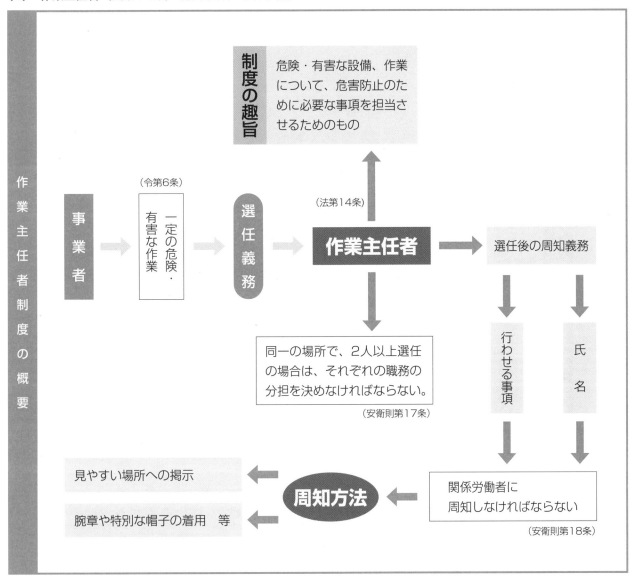

作業主任者の職務

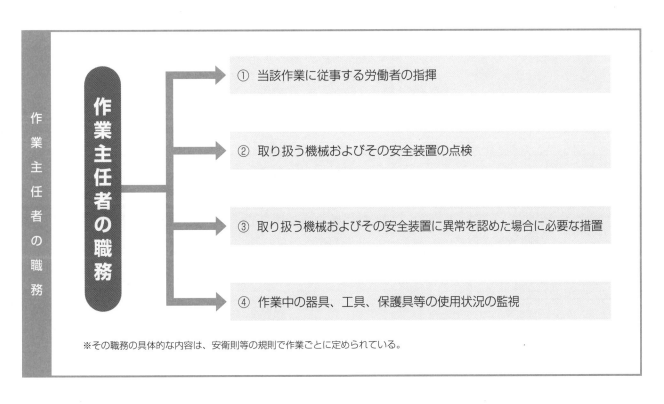

作業主任者の資格

作業主任者の資格

都道府県労働局長の免許を受けた者

① 高 圧 室 内 作 業 主 任 者
② ガ ス 溶 接 作 業 主 任 者
③ 林 業 架 線 作 業 主 任 者
④ エ ッ ク ス 線 作 業 主 任 者
⑤ ガンマ線透過写真撮影作業主任者

免　許

⑥ ボ イ ラ ー 取 扱 作 業 主 任 者
⑦ 第 一 種 圧 力 容 器 取 扱 作 業 主 任 者

免許または
技能講習

登録教習機関の技能講習を修了した者

⑧ 木 材 加 工 用 機 械 作 業 主 任 者
⑨ プ レ ス 機 械 作 業 主 任 者
⑩ 乾 燥 設 備 作 業 主 任 者
⑪ コ ン ク リ ー ト 破 砕 器 作 業 主 任 者
⑫ 地 山 の 掘 削 作 業 主 任 者
⑬ 土 止 め 支 保 工 作 業 主 任 者
⑭ ず い 道 等 の 掘 削 等 作 業 主 任 者
⑮ ず い 道 等 の 覆 工 作 業 主 任 者
⑯ 採 石 の た め の 掘 削 作 業 主 任 者
⑰ は い 作 業 主 任 者
⑱ 船 内 荷 役 作 業 主 任 者
⑲ 型 わ く 支 保 工 の 組 立 て 等 作 業 主 任 者
⑳ 足 場 の 組 立 て 等 作 業 主 任 者
㉑ 建 築 物 等 の 鉄 骨 の 組 立 て 等 作 業 主 任 者
㉒ 鋼 橋 架 設 等 作 業 主 任 者
㉓ 木 造 建 築 物 の 組 立 て 等 作 業 主 任 者
㉔ コンクリート造の工作物の解体等作業主任者
㉕ コ ン ク リ ー ト 橋 架 設 等 作 業 主 任 者
㉖ 特 定 化 学 物 質 作 業 主 任 者 等
㉗ 特定化学物質作業主任者（エチルベンゼン等関係）
㉘ 鉛 作 業 主 任 者
㉙ 四 ア ル キ ル 鉛 等 作 業 主 任 者
㉚ 酸 素 欠 乏 危 険 作 業 主 任 者
㉛ 有 機 溶 剤 作 業 主 任 者
㉜ 石 綿 作 業 主 任 者

技能講習

（法第14条、令第6条、
安衛則第16条、安衛則別表第1）

（7）　下請混在事業場における安全衛生管理体制（統括管理体制）（法第15条～法第16条）

　　事業者で、一の場所において行う事業の仕事の一部を請負人に請け負わせているもの（数次の請負関係にある場合は最も先次のもの）を「元方事業者」といい、建設業及び造船業における元方事業者を特定元方事業者という。

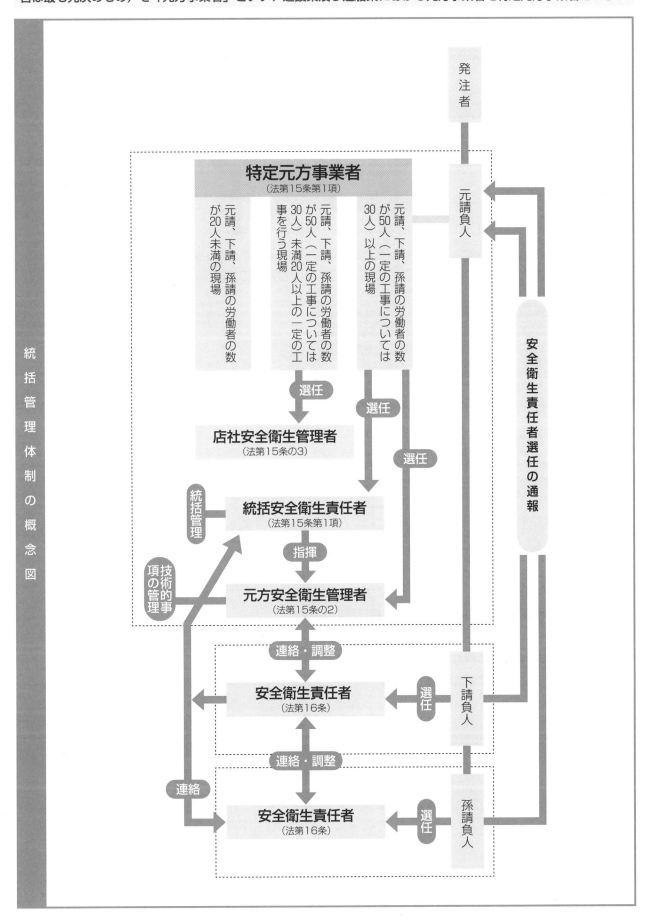

①統括安全衛生責任者（法第15条）

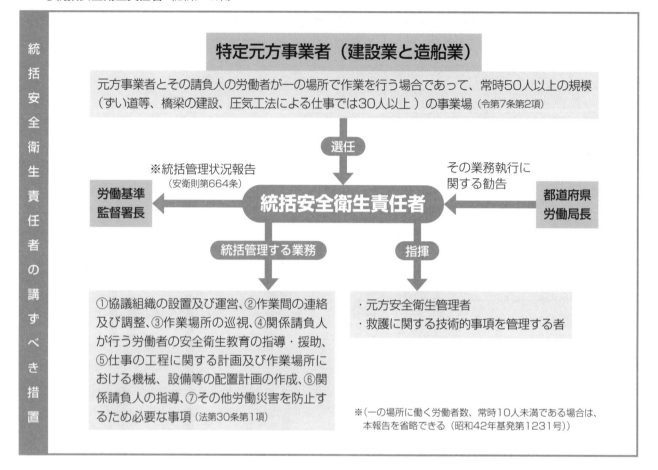

統括安全衛生責任者の講ずべき措置

特定元方事業者（建設業と造船業）

元方事業者とその請負人の労働者が一の場所で作業を行う場合であって、常時50人以上の規模（ずい道等、橋梁の建設、圧気工法による仕事では30人以上）の事業場（令第7条第2項）

選任

※統括管理状況報告
（安衛則第664条）

その業務執行に関する勧告

労働基準監督署長 ← **統括安全衛生責任者** ← 都道府県労働局長

統括管理する業務

指揮

①協議組織の設置及び運営、②作業間の連絡及び調整、③作業場所の巡視、④関係請負人が行う労働者の安全衛生教育の指導・援助、⑤仕事の工程に関する計画及び作業場所における機械、設備等の配置計画の作成、⑥関係請負人の指導、⑦その他労働災害を防止するため必要な事項（法第30条第1項）

・元方安全衛生管理者
・救護に関する技術的事項を管理する者

※（一の場所に働く労働者数、常時10人未満である場合は、本報告を省略できる（昭和42年基発第1231号））

選任要件（令第7条第2項）：
元請・下請・孫請などの労働者の総数が常時50人以上
（ずい道等・橋梁の建設・圧気工法による作業の場合30人以上）

職務（法第15条第1項）：
特定元方事業者等の講ずべき措置の統括管理・元方安全衛生管理者の指揮

資格（法第15条第2項）：
作業所長など下請混在事業場の事業の実施を統括管理する者

都道府県労働局長の勧告（法第15条第5項・法第10条第3項）：
必要があるときは、統括安全衛生責任者の業務の執行について勧告できる。

②元方安全衛生管理者、店社安全衛生管理者（法第15条の2～法第15条の3）

建設業の特定元方事業者

統括安全衛生責任者の選任義務のある
建設現場の事業者

統括安全衛生責任者の選任義務のない
中小規模建設現場の事業者

権限の付与
安衛則第18条の5

選任
資格
＜学歴と実務経験＞
（安衛則第18条の4）

労働基準
監督署長

増員・
解任命令

元方安全衛生管理者

統括管理状況
報告に氏名を
記載
（安衛則第664条）

職務

法第30条第1項のうち、
技術的事項を管理

ずい道等、一定の
橋梁の建設、圧気
工法による仕事で
常時20人以上30
人未満の建設現場
（安衛則第18条の6第
1号）

鉄骨造・鉄骨鉄筋
コンクリート造の
建築物の建設現場
で、常時20人以
上50人未満の建
設現場（安衛則第18
条の6第2号）

選任
資格
＜学歴と実務経験＞
（安衛則第18条の7）

統括管理状況
報告に氏名を
記載

労働基準
監督署長

店社安全衛生管理者

本店、支店、
営業所等の
職員

指導等

自ら実施する業務
（安衛則第18条の8）

法第30条第1項
（協議組織の設置
と運営等）を担当
する者（現場所長
等）の指導等

・少なくとも毎月1回
　の作業場所の巡視
・作業の種類、作業の
　実施状況の把握
・協議組織の会議への
　随時参加
・仕事の工程に関する
　計画の措置の確認

元方安全衛生管理者（法第15条の2）

選任要件（法第15条の2第1項）：
建設業の現場で統括安全衛生責任者の選任が必要な特定元方事業者

職務（法第15条の2第1項）：
特定元方事業者等の講ずべき措置の技術的事項を管理

資格（法第15条の2第1項・安衛則第18条の4）：
事業場に専属の者（安衛則第18条の3）。大学・高専などの理科系の正規の課程を卒業し、建設工事の施工の安全衛生の実務に3年以上従事した経験など

店社安全衛生管理者（法第15条の3）

選任要件（法第15条の3第1項・安衛則第18条の6）：
次のいずれも満たす場合に支店・営業所などで選任
i 建設業の現場で元請・下請・孫請などの労働者の総数が常時20人以上であること
ii 統括安全衛生責任者および元方安全衛生管理者の選任の義務付けがないこと
iii ずい道等の建設・橋梁の建設（人口集中地域の道路・道路隣接地・鉄道の軌道・軌道隣接地に限る）
　・圧気工法による作業・鉄骨造・鉄骨鉄筋コンクリート造の建築物の建設であること

職務（法第15条の3第1項・安衛則第18条の8）：
i 現場の統括安全衛生管理担当者に対する指導
ii 月1回以上現場巡視
iii 現場の作業状況の把握
iv 協議組織の会議への参加
v 仕事の工程・機械設備等の配置に関する計画の実施状況の確認

資格（法第15条の3第1項・安衛則第18条の7）：
大学・高専を卒業し（専門職大学前期課程修了者を含む）、建設工事の施工の安全衛生の実務に3年以上従事した経験など

安全衛生責任者（法第16条）

選任要件（法第16条第1項）：
統括安全衛生責任者の選任が必要な事業場で、元請以外の下請・孫請が選任

職務（法第16条第1項・安衛則第19条）：
i 統括安全衛生責任者との連絡
ii 統括安全衛生責任者から連絡を受けた事項の関係者への連絡
iii 統括安全衛生責任者から連絡を受けた事項の実施の管理
iv 作業計画に関する統括安全衛生責任者との調整
v 作業によって生ずる危険の有無の確認
vi 他の安全衛生責任者との連絡調整

(8) 安全・衛生委員会（法第17条・法第18条）

趣旨：

ⅰ 事業場の安全衛生を確保するためには、安全衛生に関する問題に労働者が関心を持ち、その意見を反映させることが必要。

ⅱ 事業場における労働者の危険・健康障害を防止するための対策等を調査審議。

安全・衛生委員会の概要

安全委員会　　　　　　**衛生委員会**

規模50人以上（令第8条）

林業、鉱業、建設業、製造業のうち木材・木製品製造業、化学工業、鉄鋼業、金属製品製造業および輸送用機械器具製造業、運送業のうち道路貨物運送業および港湾運送業、自動車整備業、機械修理業ならびに清掃業

設置すべき事業場（令第9条）

規模100人以上

製造業（物の加工業を含み、上に掲げる業種を除く）、運送業（上に掲げる業種を除く）、電気業、ガス業、熱供給業、水道業、通信業、各種商品卸売業、家具・建具・じゅう器等卸売業、各種商品小売業、家具・建具・じゅう器小売業、燃料小売業、旅館業、ゴルフ場業

全ての業種

規模50人以上

（法第18条第1項、安衛則第22条）

調査審議事項

①労働者の危険を防止するための基本となるべき対策に関すること
②労働災害の原因及び再発防止対策で、安全に係るものに関すること
③その他労働者の危険の防止に関する重要事項（危険性・有害性調査等）

（法第17条第1項、安衛則第21条）

①労働者の健康障害を防止するための基本となるべき対策に関すること。
②労働者の健康の保持増進を図るための基本となるべき対策に関すること。
③労働災害の原因および再発防止対策で、衛生に係るものに関すること。
④その他労働者の健康障害の防止および健康の保持増進に関する重要事項（過重労働対策等）

委員の構成

委員の構成等は、労働者の過半数で組織する労働組合との労働協約に別段の定めがある場合を除き、議長（総括安全衛生管理者等）を除いて労使同数とする。
①総括安全衛生管理者またはこれに準ずる者
②安全管理者
③安全に関し経験を有する労働者

（法第17条第2項）

委員の構成等は、労働者の過半数で組織する労働組合との労働協約に別段の定めがある場合を除き、議長（総括安全衛生管理者等）を除いて労使同数とする。
①総括安全衛生管理者またはこれに準ずる者
②衛生管理者
③産業医
④衛生に関し経験を有する労働者（作業環境測定士を含む。）

（法第18条第2項、第3項）

安全衛生委員会

同一事業場に安全委員会及び衛生委員会を設けるべきときに両者の機能を併せもつものとして設置できる

（法第19条）

次頁の安全・衛生委員会の運営参照

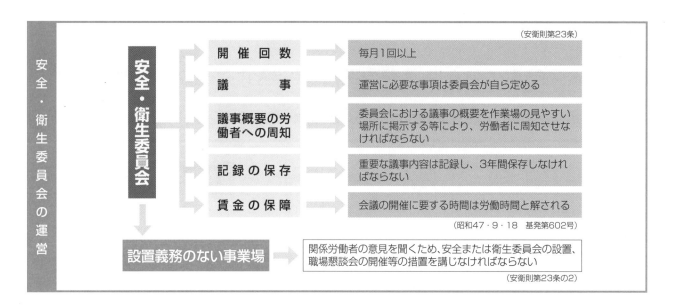

（安衛則第23条）

安全・衛生委員会の運営

安全・衛生委員会

開 催 回 数	→	毎月1回以上
議　　　　事	→	運営に必要な事項は委員会が自ら定める
議事概要の労働者への周知	→	委員会における議事の概要を作業場の見やすい場所に掲示する等により、労働者に周知させなければならない
記 録 の 保 存	→	重要な議事内容は記録し、3年間保存しなければならない
賃 金 の 保 障	→	会議の開催に要する時間は労働時間と解される

（昭和47・9・18　基発第602号）

設置義務のない事業場 → 関係労働者の意見を聞くため、安全または衛生委員会の設置、職場懇談会の開催等の措置を講じなければならない

（安衛則第23条の2）

4　労働者の危険または健康障害を防止するための措置

趣旨：労働者の危険または健康障害を防止するため、事業者等が具体的に講ずべき措置を規定。

　労働災害防止の基礎となる危害防止基準を定めたものである。使用従属関係からの規制として、安衛法第20条から第25条の2までに事業者の講ずべき措置があり、第26条に労働者が守らなければならない規定がある。これらの条文は罰則規定が適用される。第27条において、各条の措置等の詳細は厚生労働省令で定められることとなっている。

（1）　事業者の講ずべき措置等（法第20条〜法第26条）

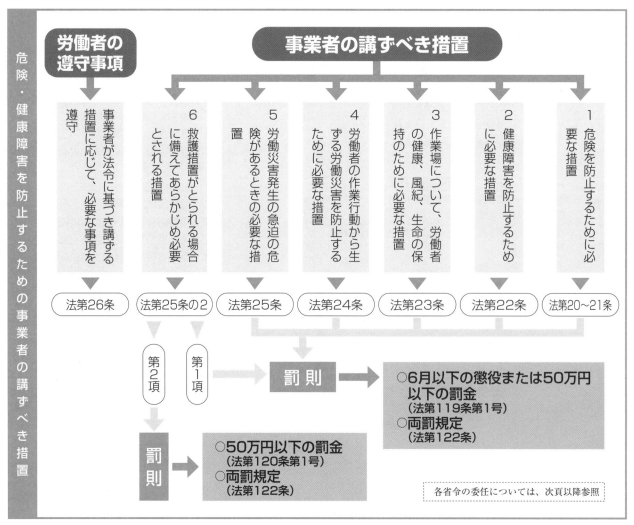

危険・健康障害を防止するための事業者の講ずべき措置

労働者の遵守事項

事業者の講ずべき措置

事業者が法令に基づき講ずる措置に応じて、必要な事項を遵守
→ 法第26条

6　救護措置がとられる場合に備えてあらかじめ必要とされる措置
→ 法第25条の2

5　労働災害発生の急迫の危険があるときの必要な措置
→ 法第25条

4　労働災害を防止するために必要な措置
→ 法第24条

3　作業場について、労働者の健康、風紀、生命の保持のために必要な措置
→ 法第23条

2　健康障害を防止するために必要な措置
→ 法第22条

1　危険を防止するために必要な措置
→ 法第20〜21条

第2項　第1項

罰　則 → ○6月以下の懲役または50万円以下の罰金（法第119条第1号）　○両罰規定（法第122条）

罰　則 → ○50万円以下の罰金（法第120条第1号）　○両罰規定（法第122条）

各省令の委任については、次頁以降参照

（2）　労働者の守るべき事項（法第26条）

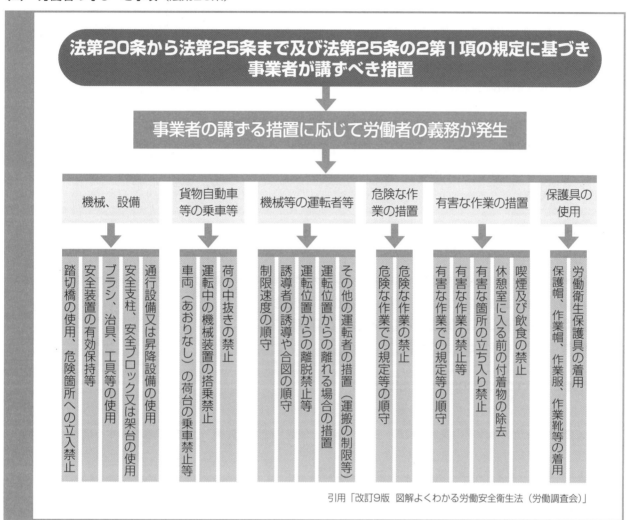

法第20条から法第25条まで及び法第25条の2第1項の規定に基づき
事業者が講ずべき措置

事業者の講ずる措置に応じて労働者の義務が発生

機械、設備	貨物自動車等の乗車等	機械等の運転者等	危険な作業の措置	有害な作業の措置	保護具の使用
踏切橋の使用、危険箇所への立入禁止 安全装置の有効保持等 ブラシ、治具、工具等の使用 安全支柱、安全ブロック又は架台の使用 通行設備又は昇降設備の使用	荷の中抜きの禁止 運転中の機械装置の搭乗禁止 車両（あおりなし）の荷台の乗車禁止等	制限速度の順守 誘導者の誘導や合図の順守 運転位置からの離れる場合の措置 運転位置からの離脱禁止等 その他の運転者の措置（運搬の制限等）	危険な作業の禁止 危険な作業での規定等の順守	有害な作業の禁止 有害な作業での規定等の順守 有害な箇所の立ち入り禁止 休憩室に入る前の付着物の除去 喫煙及び飲食の禁止	労働衛生保護具の着用 保護帽、作業帽、作業服、作業靴等の着用

引用「改訂9版　図解よくわかる労働安全衛生法（労働調査会）」

（3）　厚生労働省令への委任（法第27条）

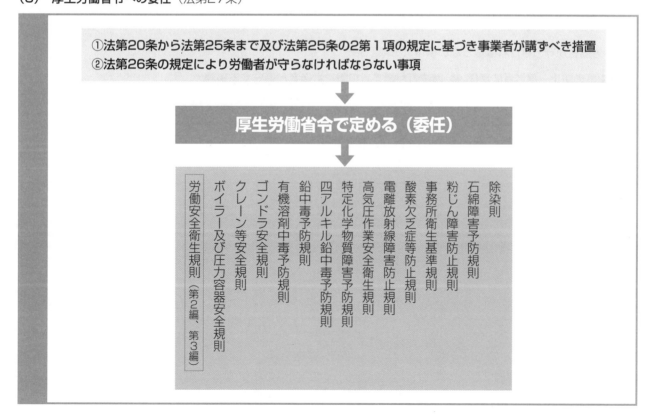

①法第20条から法第25条まで及び法第25条の2第1項の規定に基づき事業者が講ずべき措置
②法第26条の規定により労働者が守らなければならない事項

厚生労働省令で定める（委任）

除染則
石綿障害予防規則
粉じん障害防止規則
事務所衛生基準規則
酸素欠乏症等防止規則
電離放射線障害防止規則
高気圧作業安全衛生規則
特定化学物質障害予防規則
四アルキル鉛中毒予防規則
鉛中毒予防規則
有機溶剤中毒予防規則
ゴンドラ安全規則
クレーン等安全規則
ボイラー及び圧力容器安全規則
労働安全衛生規則（第2編、第3編）

①機械等、爆発性・発火性・引火性の物等およびエネルギーによる危険（法第20条）

例：
- 機械の動力伝導部分などへの巻き込まれ・ボイラーの破裂
- 足場の倒壊・爆発性の化学物質の粉じん爆発・引火性の液体による火災
- 感電・熱水によるやけど

②作業方法から生ずる危険および労働者が墜落するおそれのある場所等における危険（法第21条）

例：
- 機械の解体修理中に作業方法を誤ることによる引き込まれ
- 墜落・土砂崩壊

③原材料等、放射線等、計器監視等の作業、排気等による健康障害（法第22条）

例：
- 有害なガス・蒸気・粉じんの呼吸による吸入・皮膚への有害物の付着・酸素欠乏空気・病原体の呼吸による吸入
- 放射線障害による血液変化・熱中症・凍傷・振動障害・減圧症
- 計器監視・精密工作による視力低下・視神経疲労・大脳疲労
- 有害物質の排気・排液などによる汚染

④作業場についての健康の保持等のための措置（法第23条）

内容：
作業場の通路・床面・階段等の保全・換気・採光・照明・保温・防湿・休養・避難・清潔に関する措置

⑤作業行動から生ずる労働災害を防止するための措置（法第24条）

例：重量物運搬等に伴う腰痛等の防止の措置

⑥労働災害発生の急迫した危険があるときの退避等の措置（法第25条）

労働災害発生の危険が差し迫ったときの作業の中止・労働者の退避などの措置

⑦労働者が守らなければならない事項（法第26条）

労働災害の防止→事業者に責任 ➡ 事業者が講ずる措置を労働者が遵守する義務

（4）　労働者の救護に関する措置（法第25条の2）

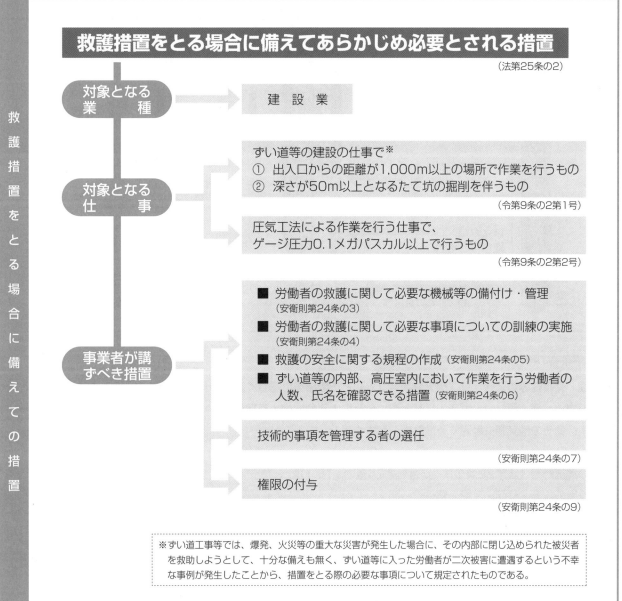

救護措置をとる場合に備えての措置

救護措置をとる場合に備えてあらかじめ必要とされる措置
（法第25条の2）

対象となる業種 → 建　設　業

対象となる仕事 →
ずい道等の建設の仕事で※
① 出入口からの距離が1,000m以上の場所で作業を行うもの
② 深さが50m以上となるたて坑の掘削を伴うもの
（令第9条の2第1号）

圧気工法による作業を行う仕事で、
ゲージ圧力0.1メガパスカル以上で行うもの
（令第9条の2第2号）

事業者が講ずべき措置 →
■ 労働者の救護に関して必要な機械等の備付け・管理
（安衛則第24条の3）
■ 労働者の救護に関して必要な事項についての訓練の実施
（安衛則第24条の4）
■ 救護の安全に関する規程の作成 （安衛則第24条の5）
■ ずい道等の内部、高圧室内において作業を行う労働者の
人数、氏名を確認できる措置 （安衛則第24条の6）

技術的事項を管理する者の選任
（安衛則第24条の7）

権限の付与
（安衛則第24条の9）

※ずい道工事等では、爆発、火災等の重大な災害が発生した場合に、その内部に閉じ込められた被災者を救助しようとして、十分な備えも無く、ずい道等に入った労働者が二次被害に遭遇するという不幸な事例が発生したことから、措置をとる際の必要な事項について規定されたものである。

救護に関する技術的事項を管理する者の選任

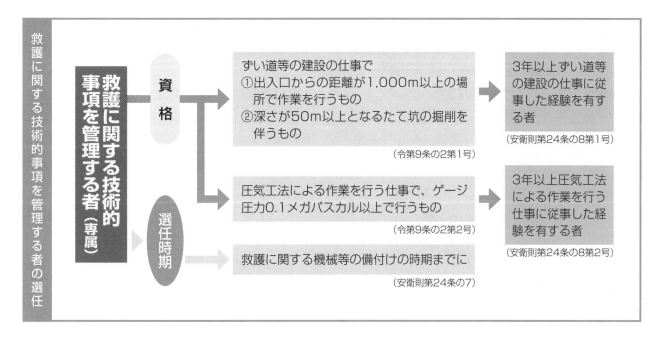

救護に関する技術的事項を管理する者（専属）

資格 →
ずい道等の建設の仕事で
①出入口からの距離が1,000m以上の場所で作業を行うもの
②深さが50m以上となるたて坑の掘削を伴うもの
（令第9条の2第1号）
→ 3年以上ずい道等の建設の仕事に従事した経験を有する者
（安衛則第24条の8第1号）

圧気工法による作業を行う仕事で、ゲージ圧力0.1メガパスカル以上で行うもの
（令第9条の2第2号）
→ 3年以上圧気工法による作業を行う仕事に従事した経験を有する者
（安衛則第24条の8第2号）

選任時期 →
救護に関する機械等の備付けの時期までに
（安衛則第24条の7）

(5) 技術上の指針等の公表等（法第28条）

①技術上の指針等

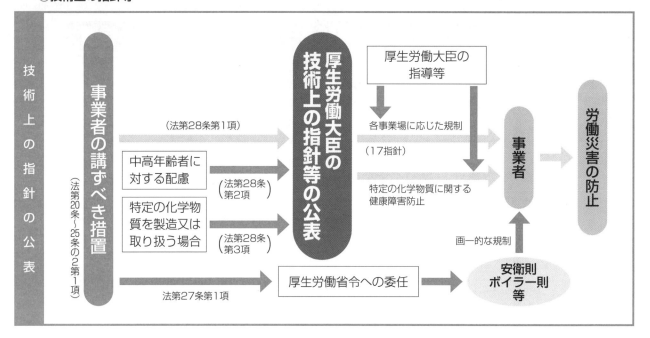

②事業者の行うべき調査（法第28条の2）

危険性・有害性等の調査（リスクアセスメント）とその結果に基づく防止のための措置（法第28条の2）:
i 建設物・設備・原材料・ガス・蒸気・粉じん等による危険性・有害性等
ii 作業行動その他業務に起因する危険性・有害性等

調査の実施時期（法第28条の2・安衛則第24条の11第1項）:
i 建設物の設置・移転・変更・解体の時期
ii 設備・原材料等の新規採用・変更の時期
iii 作業方法・作業手順の新規採用・変更の時期
iv 建設物・設備・原材料・ガス・蒸気・粉じん等による危険性・有害性等または作業行動その他業務に起因する
　危険性・有害性等についての変化・変化のおそれの時期

対象業種（化学物質以外）（法第28条の2・安衛則第24条の11第2項）:
林業・鉱業・建設業・運送業・清掃業・製造業（物の加工業を含む。）・電気業・ガス業・熱供給業・水道業・
通信業・各種商品卸売業・家具・建具・じゅう器等卸売業・各種商品小売業・家具・建具・じゅう器小売業・
燃料小売業・旅館業・ゴルフ場業・自動車整備業・機械修理業
（化学物質）危険有害な化学物質は全業種が対象となります。法第57条の2の通知対象物現行673物質については、
法第57条の3により義務となりました。

（6） 事業者の行うべき調査等（リスクアセスメント）（法第28条の2）（法第57条の3）

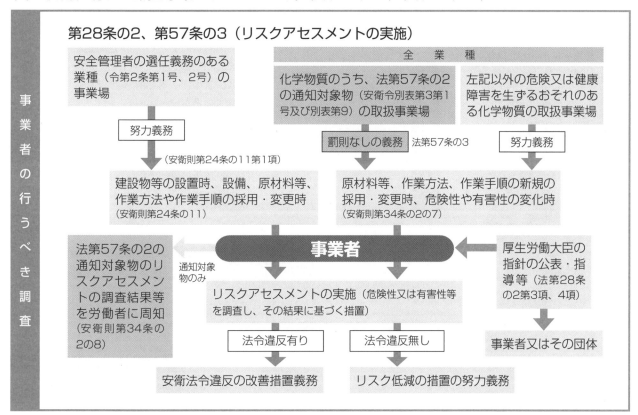

（7） 下請混在事業場において講ずべき措置

背景：

i 造船業・鉄鋼業等においては構内下請企業の利用が一般的。近年その他の製造業等においても増加。

ii 下請企業の労働災害発生率は、元請企業よりも高い。

iii 下請企業では危険性・有害性の高い作業を分担することが多い。

iv 元請企業の構内で作業するため、下請企業の自主的努力だけでは、労働災害防止の実効を十分に上げることが困難。

対策：下請混在事業場において、元方事業者などがそれぞれの立場で講ずべき措置を規定。

①発注者、注文者、元方事業者、請負人の関係の整理

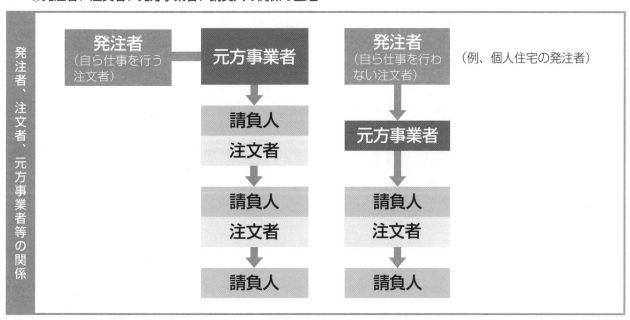

②元方事業者の講ずべき措置（法第29条）

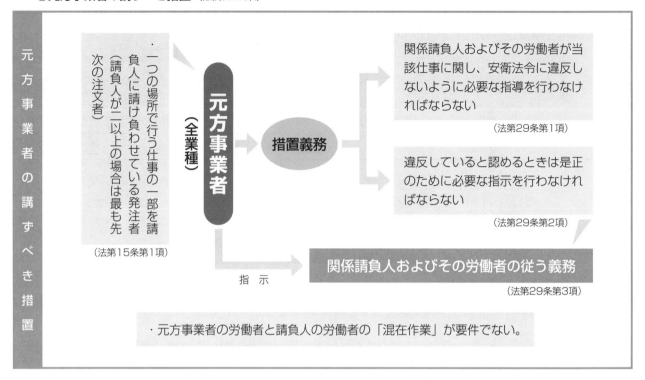

③建設業の元方事業者が講ずべき措置（法第29条の2）

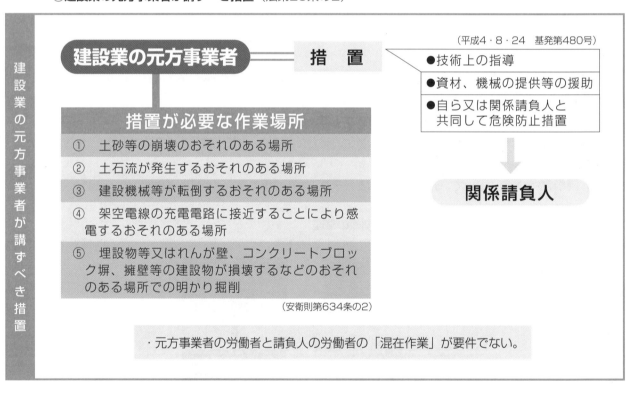

④特定元方事業者（建設業、造船業）が講ずべき措置（法第30条）

特定元方事業者が講ずべき措置

建設業・造船業の元方事業者 → **特定元方事業者**

（法第30条第1項）
措置義務

※遅滞なく必要事項を労働基準監督署長に報告（法第100条、安衛則第664条）

労働者の総数が50人（ずい道等の建設の仕事、橋梁の建設の仕事、圧気工法による仕事は30人）以上のとき

（法第15条第1項）

統括安全衛生責任者の選任
（法第15条）

① 協議組織の設置・運営
② 作業間の連絡・調整
③ 作業場所の巡視（1回／日）
④ 関係請負人が行う安全衛生教育に対する指導・援助
⑤ 仕事の工程等に関する計画の作成等（建設業）
⑥ ①～⑤のほか、当該労働災害を防止するために必要な事項

① クレーン等運転の合図の統一
② 事故現場等の標識の統一等
③ 有機溶剤等の容器の集積箇所の統一等
④ 警報の統一等
⑤ 避難等の訓練の実施方法の統一等
⑥ 周知のための資料の提供等

・元方事業者の労働者と請負人の労働者の「混在作業」が要件である。

※（一の場所に働く労働者数、常時10人未満である場合は、本報告を省略できる（昭和42・4・4　基収第1231号））

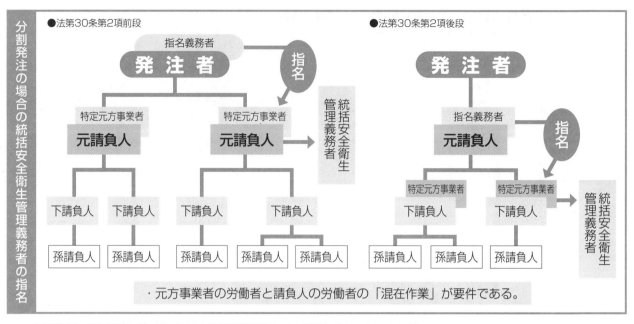

⑤製造業（造船業を除く）の元方事業者が講ずべき措置（法第30条の2）

趣旨：製造業等の事業の元方事業者が、混在作業における労働災害の発生を防止するため、作業間の調整等の措置を講じるべきことを規定。

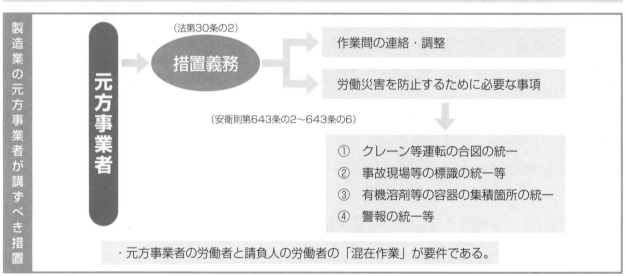

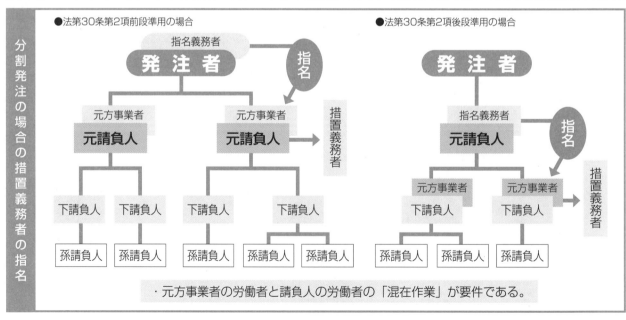

⑥救護に関して元方事業者が講ずべき措置（法第30条の3）

趣旨：数次の請負契約によって行われる場合に元方事業者が救護に関する事前の措置を講ずべきとされたもの。

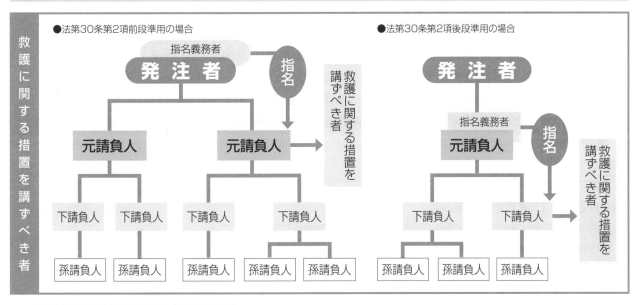

⑦注文者が講ずべき措置（法第31条）

趣旨：建設業・造船業の仕事の一部を請け負わせている注文者が下請労働者に建設物等を使用させる場合の安全衛生の確保を求めるもの。

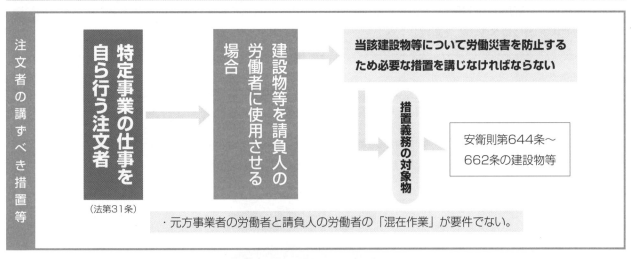

⑧化学物質等の製造設備等の改造等の作業の注文者が講ずべき措置（法第31条の2）

趣旨：一定の危険有害な化学物質を製造又は取り扱う設備の改造、修理、清掃等の作業において注文者が注意すべき事項等の情報を提供することを求めるもの。

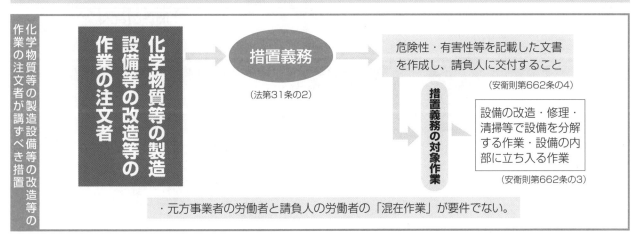

〈化学物質等の製造設備等の改造等の作業の注文者が講ずべき措置〉

化学物質等の製造設備等の改造等の作業の注文者

⇨ 請負人の労働者の労働災害防止のため必要な措置を講じなければならない

対象となる設備（法第31条の2・令第9条の3）

ⅰ 爆発性・発火性・酸化性・引火性の物・可燃性のガス（令別表第1）の製造・取扱設備

（移動式・アセチレン溶接装置・ガス集合溶接装置・乾燥設備を除く。ⅱも同じ。）およびその附属設備

ⅱ 引火点が65度以上の物を引火点以上の温度で行う製造・取扱設備およびその附属設備

ⅲ 特定化学物質（特化則第2条第3号の特定第2類物質および令別表第3第3号の第3類物質）の製造・取扱設備

（移動式を除く。）およびその附属設備

対象となる作業（安衛則第662条の3）

・設備の改造・修理・清掃等の作業で、設備の分解またはその内部に立ち入る作業

講ずべき措置（安衛則第662条の4）

・次の事項を記載した文書または電磁的記録を作成し、請負人に交付すること。

ⅰ 化学物質等の危険性・有害性

ⅱ 作業において注意すべき安全衛生事項

ⅲ 作業について講じた安全衛生確保のための措置

ⅳ 流出その他の事故が発生した場合に講ずべき応急措置

⑨建設機械等に係る注文者が講ずべき措置（法第31条の3）

趣旨：建設機械等を用いる仕事全体を統括している者（注文者）に仕事に係る作業に従事する全ての労働者の労働災害防止対策を講じるべきことを規定。

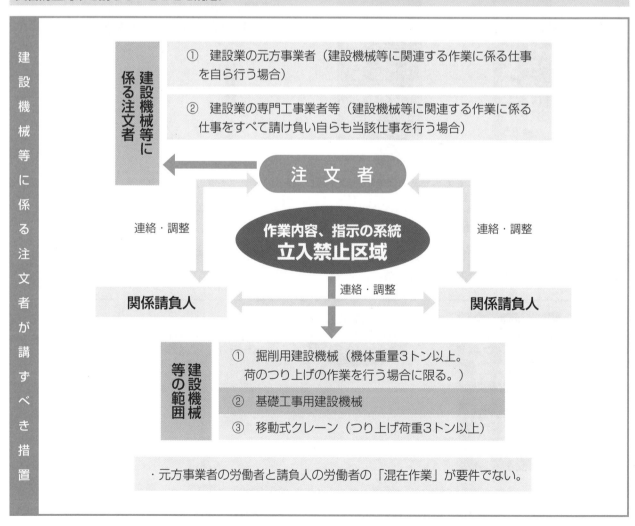

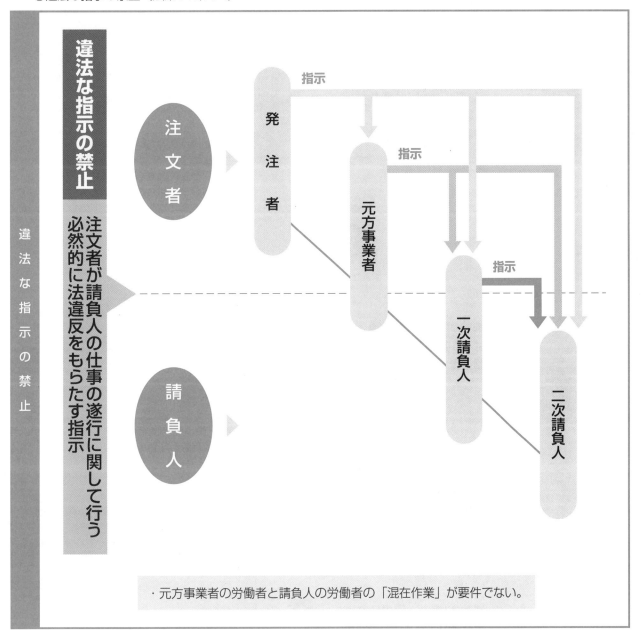

違法な指示の禁止

違法な指示の禁止

注文者が請負人の仕事の遂行に関して行う必然的に法違反をもたらす指示

注　文　者

請　負　人

発　注　者

元方事業者

一次請負人

二次請負人

指示

指示

指示

・元方事業者の労働者と請負人の労働者の「混在作業」が要件でない。

⑪請負人が講ずべき措置等（法第32条）

請負人が講ずべき措置等

元方事業者、特定元方事業者、注文者が講ずべき措置に対応

法第30条第1項または第4項の場合における下請事業者
（法第32条第1項）

（安衛則第635条、第637条、第639条、第640条、第641条、第642条、第642条の2、第642条の2の2）

→ 統括安全衛生管理義務者である特定元方事業者の行う法第30条第1項各号の措置に対応する措置を講じなければならない

① 協議組織への参加
② 巡視への協力
③ クレーン等の運転合図の統一
④ 事故現場等の標識の統一
⑤ 有機溶剤等の容器の集積箇所の統一
⑥ 警報の統一
⑦ 避難訓練（土石流危険河川の避難の訓練を含む）の実施方法の統一

法第30条の2第1項または第4項の場合における下請業者
（法第32条第2項）

→ 製造業の元方事業者が行う作業間の連絡調整などの措置に対応する措置を講じなければならない

（安衛則第643条の2〜第643条の6）

① 作業間の連絡・調整
② クレーン等の運転の合図の統一
③ 事故現場等の標識の統一等
④ 有機溶剤等の容器の集積箇所の統一
⑤ 警報の統一等

法第30条の3第1項または第4項の場合における請負人
（法第32条第3項）

→ 元方事業者の講じる措置（救護の訓練）に協力しなければならない

（安衛則第662条の9）

法第31条第1項の注文者より提供される建設物等を使用する関係請負人
（法第32条第4項）

→ 災害防止措置がとられていないことを発見したときは速やかに注文者に申し出ること

→ 注文者が措置を講じるために行う点検、補修その他の措置に協力しなければならない

（安衛則第663条）

法第31条の2の場合における請負人
（法第32条第5項）

→ 注文者が行う措置（化学物質等の危険性・有害性等に関する文書の交付）に対応する措置を講じなければならない

（安衛則第663条の2）

労働者
（法第32条第6項）

→ 関係請負人と同様な義務

関係請負人と労働者
（法第32条第7項）

→ 特定元方事業者、注文者等が必要な措置を行うためにする指示に従う義務

(8) 機械・建築物貸与者の講ずべき措置

①機械等貸与者等の講ずべき措置（法第33条）

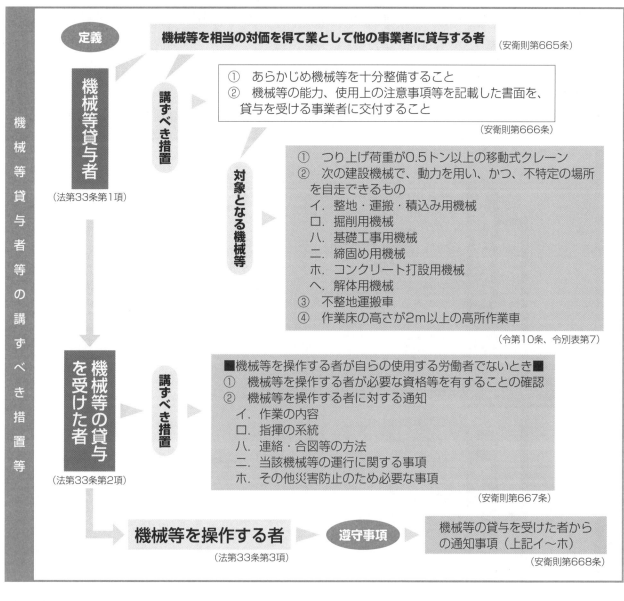

定義 ── **機械等を相当の対価を得て業として他の事業者に貸与する者** （安衛則第665条）

機械等貸与者
（法第33条第1項）

講ずべき措置
① あらかじめ機械等を十分整備すること
② 機械等の能力、使用上の注意事項等を記載した書面を、貸与を受ける事業者に交付すること
（安衛則第666条）

対象となる機械等
① つり上げ荷重が0.5トン以上の移動式クレーン
② 次の建設機械で、動力を用い、かつ、不特定の場所を自走できるもの
　イ．整地・運搬・積込み用機械
　ロ．掘削用機械
　ハ．基礎工事用機械
　ニ．締固め用機械
　ホ．コンクリート打設用機械
　ヘ．解体用機械
③ 不整地運搬車
④ 作業床の高さが2m以上の高所作業車
（令第10条、令別表第7）

機械等の貸与を受けた者
（法第33条第2項）

講ずべき措置
■機械等を操作する者が自らの使用する労働者でないとき■
① 機械等を操作する者が必要な資格等を有することの確認
② 機械等を操作する者に対する通知
　イ．作業の内容
　ロ．指揮の系統
　ハ．連絡・合図等の方法
　ニ．当該機械等の運行に関する事項
　ホ．その他災害防止のため必要な事項
（安衛則第667条）

機械等を操作する者
（法第33条第3項）
▶ **遵守事項** ▶ 機械等の貸与を受けた者からの通知事項（上記イ～ホ）
（安衛則第668条）

②建築物貸与者の講ずべき措置（法第34条）

建築物貸与者
（法第34条）

貸与（有償・無償を問わない）

対象となる建築物
事務所または工場の用に供される建築物 （令第11条）

講ずべき措置
① 避難用出入口の表示等
② 共用の警報設備の有効保持
③ 共用の局所排気装置、全体換気装置、排気処理装置、排液処理装置等の機能の有効保持
④ 給水設備の水質・衛生基準等の確保
⑤ 排水設備の機能の有効保持
⑥ 統一的な清掃およびねずみ等の防除
⑦ 労働災害を防止するため必要な設備の設置についての便宜供与
⑧ 必要な数の便所の設置
⑨ 警報および標識の統一
⑩ 石綿等粉じんばく露防止措置
（安衛則第670条～第678条、石綿則第10条第4項）

建築物の貸与を受けた者

5　機械等・危険物・有害物に関する規制

趣旨：機械等・危険物・有害物の製造・検査などの労働災害を防止するための措置を規定。

（1）　機械等に関する規制（法第37条～法第41条）

・法第39条第1項、第2項の検査証を受けていない特定機械等、同項第3項の裏書き項の裏書を受けていないものは使用できない。

・検査証を受けた特定機械等は、検査証とともにするのでなければ、譲渡、貸与、使用できない。（法第40条）

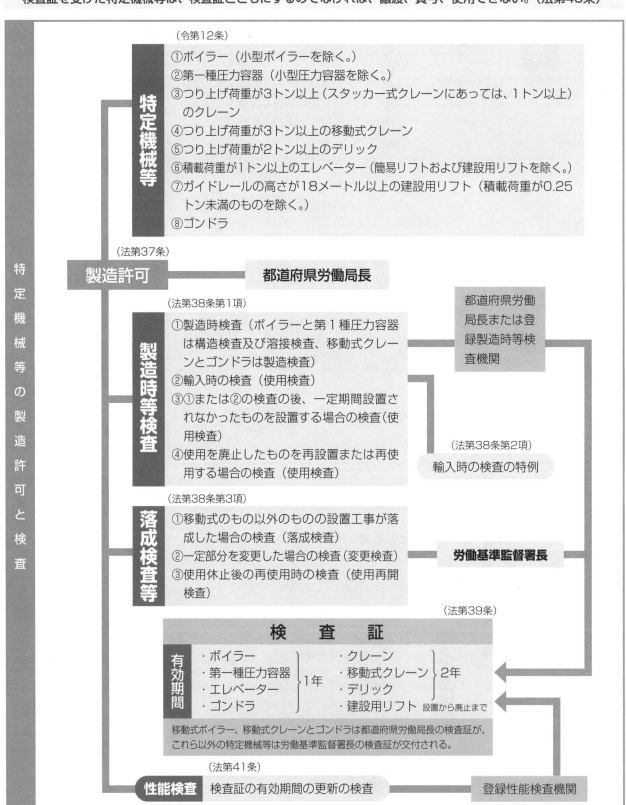

(2) 構造規格（法第42条～法第44条の4）

①機械の流通規制

左側縦書き: 機械等・危険物・有害物に関する規制

特定機械等以外の機械等で、安衛法別表第2のもの、危険な場所で使用するもの、危険・健康障害の防止のために使用するもの（プレス機械の安全装置、防じんマスク等）（安衛令第13条）

↓

| 個別検定、型式検定のないもの（法第44条～法第44条の4） | 構造規格又は安全装置を具備していないもの |

↓

譲渡、貸与、設置、使用の禁止
（法第42条、安衛則第27条）

全ての一般機械等（法第43条）

↓

動力により駆動される機械等で、作動部分上の突起物があるもの、動力伝導部分、調速部分に一定の防護のための措置がないもの（法第43条）

↓

譲渡、貸与、又は譲渡若しくは貸与の目的で展示又は使用の禁止（法第43条、安衛則第25条、第101条）

欠陥機械の回収等（法第43条の2）

①個別検定や型式検定に合格していないのに合格との表示や紛らわしい表示がされているもの
②型式検定に合格した型式の機械等であるが、厚生労働大臣の規格又は安全装置を具備していないもの
③検定対象外の機械等で厚生労働大臣の規格又は安全装置を具備していないもの

↓

都道府県労働局長又は厚生労働大臣

↓

都道府県労働局長又は厚生労働大臣は、これらの機械等を製造し、又は輸入した者（個人を含む全ての者）に対して

↓

①その機械等の回収、改善
②その機械等の使用者に欠陥機械等の通知
③欠陥の事実についての広報
を命ずることができる。

②個別検定、型式検定

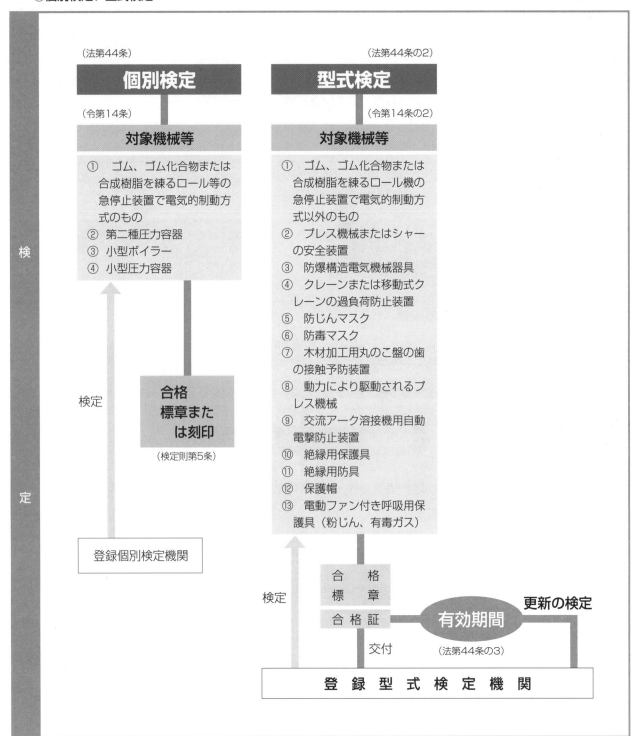

検定

個別検定 （法第44条）

（令第14条）

対象機械等

①　ゴム、ゴム化合物または合成樹脂を練るロール等の急停止装置で電気的制動方式のもの
②　第二種圧力容器
③　小型ボイラー
④　小型圧力容器

検定

合格標章または刻印

（検定則第5条）

登録個別検定機関

型式検定 （法第44条の2）

（令第14条の2）

対象機械等

①　ゴム、ゴム化合物または合成樹脂を練るロール機の急停止装置で電気的制動方式以外のもの
②　プレス機械またはシャーの安全装置
③　防爆構造電気機械器具
④　クレーンまたは移動式クレーンの過負荷防止装置
⑤　防じんマスク
⑥　防毒マスク
⑦　木材加工用丸のこ盤の歯の接触予防装置
⑧　動力により駆動されるプレス機械
⑨　交流アーク溶接機用自動電撃防止装置
⑩　絶縁用保護具
⑪　絶縁用防具
⑫　保護帽
⑬　電動ファン付き呼吸用保護具（粉じん、有毒ガス）

検定

合　格　標　章

合　格　証

交付

有効期間

（法第44条の3）

更新の検定

登　録　型　式　検　定　機　関

（3） 定期自主検査〔巻末資料　表2参照〕

①定期自主検査（法第45条第1項・第3項・第4項）

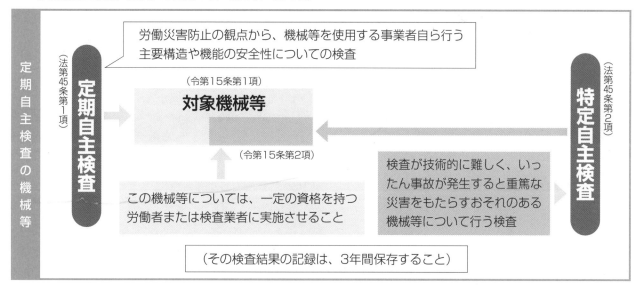

労働災害防止の観点から、機械等を使用する事業者自ら行う主要構造や機能の安全性についての検査

定期自主検査の機械等

（法第45条第1項）

定期自主検査

（令第15条第1項）

対象機械等

（令第15条第2項）

この機械等については、一定の資格を持つ労働者または検査業者に実施させること

検査が技術的に難しく、いったん事故が発生すると重篤な災害をもたらすおそれのある機械等について行う検査

特定自主検査

（法第45条第2項）

（その検査結果の記録は、3年間保存すること）

②特定自主検査（法第45条第2項）

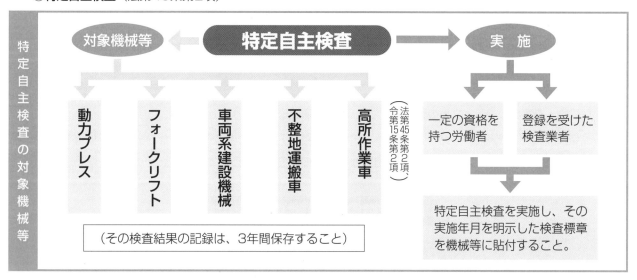

特定自主検査の対象機械等

対象機械等　←　**特定自主検査**　→　実　施

動力プレス／フォークリフト／車両系建設機械／不整地運搬車／高所作業車

（令第15条第2項、法第45条第2項）

一定の資格を持つ労働者／登録を受けた検査業者

特定自主検査を実施し、その実施年月を明示した検査標章を機械等に貼付すること。

（その検査結果の記録は、3年間保存すること）

③検査業者（法第54条の3〜法第54条の6）

趣旨：特定自主検査を業として行う者の資格要件地位の承継、登録の取消し等について規定。

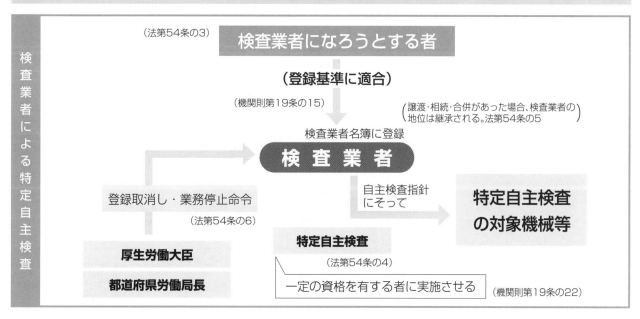

検査業者による特定自主検査

（法第54条の3）

検査業者になろうとする者

（登録基準に適合）

（機関則第19条の15）

（譲渡・相続・合併があった場合、検査業者の地位は継承される。法第54条の5）

検査業者名簿に登録

検 査 業 者

登録取消し・業務停止命令

（法第54条の6）

自主検査指針にそって

特定自主検査の対象機械等

厚生労働大臣

都道府県労働局長

特定自主検査

（法第54条の4）

一定の資格を有する者に実施させる

（機関則第19条の22）

（4） 危険物・有害物に関する規制

①製造等の禁止および製造の許可（法第55条・法第56条）

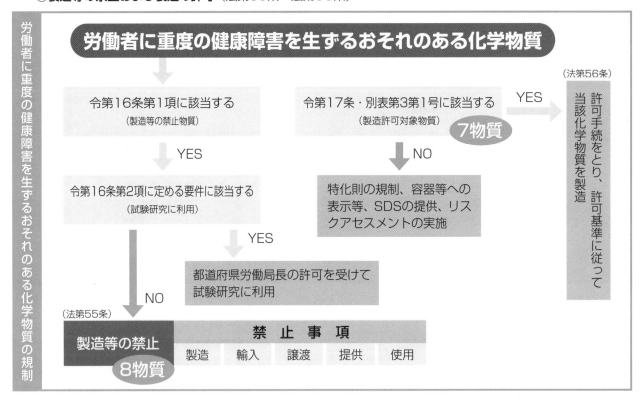

②危険物・有害物の表示・文書の交付等（法第57条・法第57条の2）

趣旨： 労働者が取り扱う物質の成分・その危険有害性・取扱い上の注意点などを知らなかったことによる労働災害の防止と危険物・有害物にばく露した場合の処置が手遅れにならないようにすること。

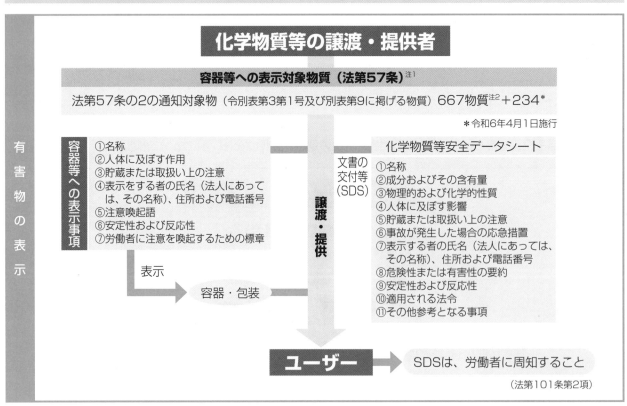

（注1） 指針（平成4年労働省告示第60号）で、通知対象物質については名称と一定事項を、それ以外のすべての化学物質等については名称を容器または包装に表示することとされている。

（注2） 「職場の化学物質管理　ケミサポ」（（独）労働者健康安全機構 労働安全衛生総合研究所）では最新の通知対象物等の情報が得られます。

③化学物質の危険性又は有害性の調査（法第57条の3）　※4(6)参照

④化学物質の有害性の調査等（法第57条の4）

趣旨：化学物質が職場に導入される以前に有害性を把握し、その有害性に対応した措置をあらかじめ講じた上で職場に導入できるようにすること。

　新規化学物質（既存化学物質として公表されているもの以外の化学物質をいう。）を製造し、又は輸入しようとする事業者は、厚生労働大臣が定める基準に基づいて変異原性試験等を実施して、その結果等を厚生労働大臣に届け出ること。厚生労働大臣は、この試験結果を評価して、健康障害を防止するための措置を講じる。

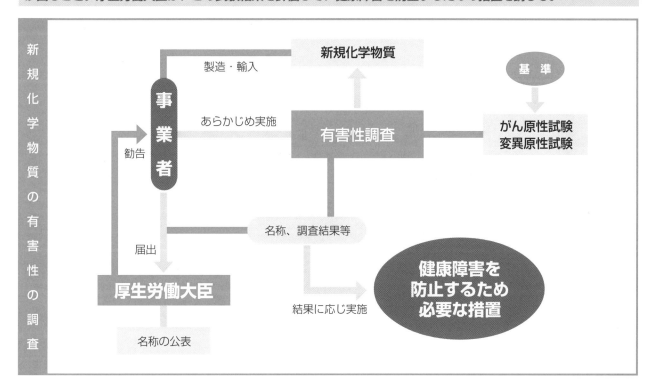

6　労働者の就業に当たっての措置

（1）安全衛生教育

趣旨：労働者の知識・経験不足に基づく労働災害を防止すること。

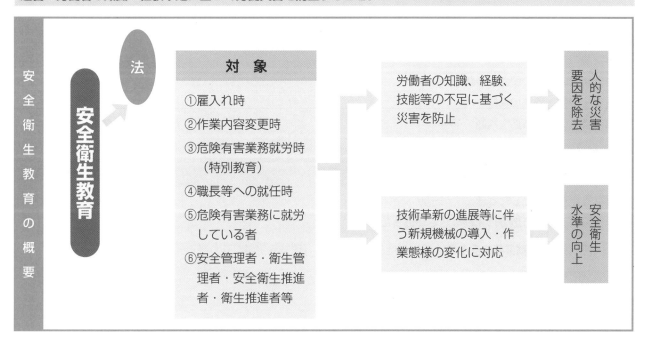

安全衛生教育の概要

法

事業者が行うべき安全衛生教育

雇入れ時の教育
（法第59条第1項）
→ 安衛則第35条第1項に定められた項目を教育する

作業内容変更時の教育
（法第59条第2項）
→ 雇入れ時の教育に準じて行う

特別の教育
（法第59条第3項）
→ 一定の危険有害業務に労働者を就かせるときは実施する
（安衛則第36条）

職長等の教育
（法第60条）
→ 建設業における職長等及び安全衛生責任者については、概ね5年ごとに能力向上教育を実施する
（平29・2・20　基発0220第3号）

安全衛生水準向上のための教育
（法第60条の2）
→ 危険有害業務従事者に対しても新規機械の導入や作業態様の変化に対応した教育を実施するよう努める

安全管理者等の教育
（法第19条の2）
→ 労働災害防止業務に従事する者の能力向上のための教育・講習等の実施・受講機会の提供に努める

項目の全部または一部について十分な知識・技能を有している労働者については、その項目を省略できる
（安衛則第35条第2項）

・安全衛生教育指針
（平27・指針公示第5号）

①雇入れ時の安全衛生教育（法第59条第1項）

項目（則第35条第1項）
ⅰ 機械・原料等の危険性・有害性・取扱い方法
ⅱ 安全装置・有害物抑制装置・保護具の性能・取扱い方法
ⅲ 作業手順
ⅳ 作業開始時の点検
ⅴ 業務関連の疾病の原因・予防
ⅵ 整理・整頓・清潔の保持
ⅶ 事故時等における応急措置・退避

②作業内容の変更時の安全衛生教育（法第59条第2項）

作業内容の変更
・異なる作業に変更したとき
・作業設備・作業方法等に大幅な変更があったとき

③危険有害業務就業時の安全又は衛生のための特別教育（法第59条第3項）〔巻末資料　表3参照〕
・就業制限業務に準ずる危険有害業務49業務

④職長等への安全衛生教育（法第60条）

趣旨：労働者の作業を直接指導監督する職長等は安全衛生のキーマンであり、職長等が安全衛生に十分な理解がなければ、安全衛生の状況は改善されないこと。

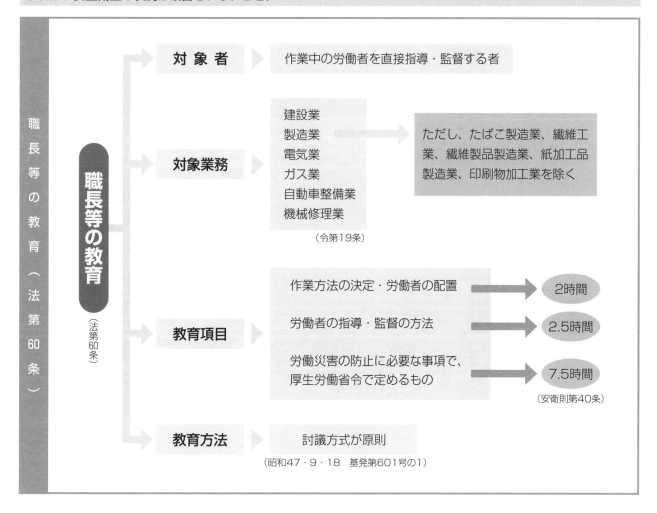

職長等の教育（法第60条）

職長等の教育（法第60条）

対象者 ▶ 作業中の労働者を直接指導・監督する者

対象業務 ▶ 建設業／製造業／電気業／ガス業／自動車整備業／機械修理業 → ただし、たばこ製造業、繊維工業、繊維製品製造業、紙加工品製造業、印刷物加工業を除く
（令第19条）

教育項目 ▶
- 作業方法の決定・労働者の配置 → 2時間
- 労働者の指導・監督の方法 → 2.5時間
- 労働災害の防止に必要な事項で、厚生労働省令で定めるもの → 7.5時間
（安衛則第40条）

教育方法 ▶ 討議方式が原則
（昭和47・9・18　基発第601号の1）

⑤能力向上教育等
●安全衛生水準向上のための教育（法第60条の2）

対象者：危険有害業務に現に就いている者

教育の内容：従事する業務に関する安全衛生のための教育

義務の程度：努力義務

●建設業における職長等及び安全衛生責任者の能力向上教育（安全衛生教育推進要綱）

職長等の職務に従事することとなった後、概ね5年ごと及び機械設備等に大幅な変更があったときに実施する。

（平成29・2・20　基発0220第3号）

●安全管理者等に対する教育等（法第19条の2）

対象者：安全管理者・衛生管理者・安全衛生推進者・衛生推進者など労働災害防止業務に従事する者

教育の内容：従事する業務に関する能力の向上のための教育・講習等の実施・受講機会の提供

義務の程度：努力義務

⑥安全衛生教育に関する費用の負担

・原則として所定労働時間内に行うこと。

・法定時間外に行うときは割増賃金の支払が必要。

・企業外で行う場合の講習会費・講習旅費等は事業者負担。

（昭和47・9・18　基発第602号）

(2) 就業制限 （法第61条）〔巻末資料　表4参照〕

趣旨：危険業務に必要な知識・技能を持たない者が就業することにより生ずる危害を防止するために、特定の危険業務に労働者を就業させるときは、一定の資格を有した者でなければ、その業務に就かせてはならないこと。

就業制限業務

クレーンの運転等政令等で定める危険業務
（令第20条、安衛則第41条及び別表第3）

就業制限

次の①〜③の者でなければ当該業務に就かせてはならない
（法第61条第1項）

① 都道府県労働局長の免許を受けた者

② 登録講習機関が行う技能講習を修了した者

③ その他厚生労働省令で定める資格を有する者

特例

認定職業訓練を受けている訓練生
（法第61条第4項）

①〜③の資格者以外の者は、当該業務に就いてはならない
（法第61条第2項）

当該業務に従事する者は、免許証その他その資格を証する書面を携帯していなければならない
（法第61条第3項）

（3） 免許・技能講習（法第72条～法第77条）

趣旨：免許及び技能講習制度について運用上の各種規定。

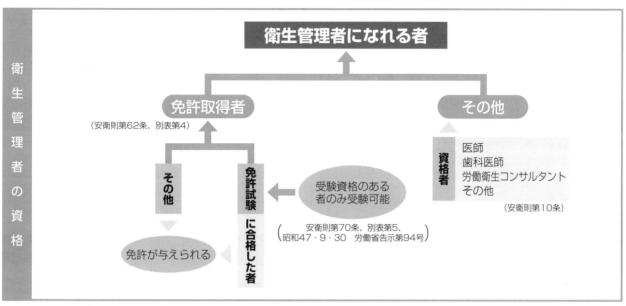

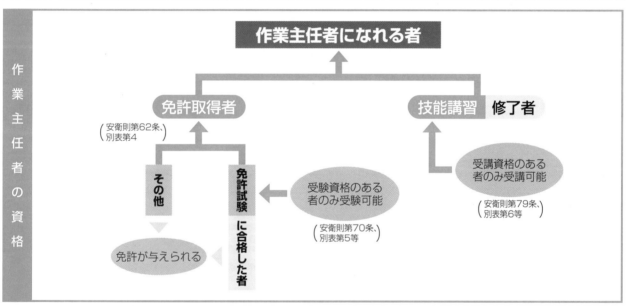

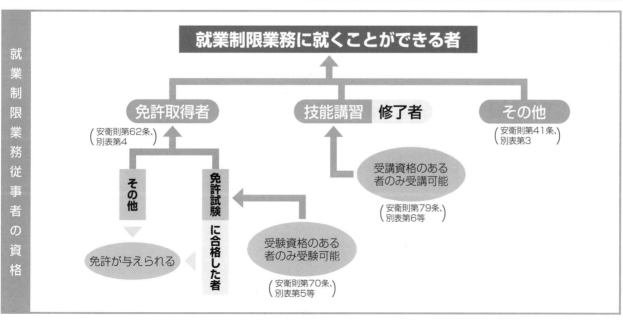

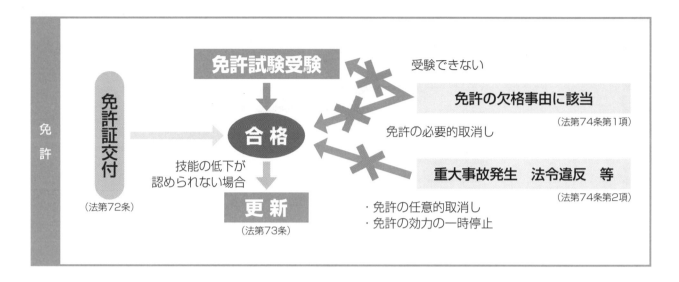

7 健康の保持増進のための措置

職場における労働者の健康の保持増進のためには、次の3つの管理が総合的に機能することが必要。

i 作業環境を良好な状態に維持管理すること（作業環境の管理）

ii 労働者の疲労・ストレスが過度にならないように作業を適切に管理すること（作業の管理）

iii 労働者の健康状態を的確に把握し、必要な措置を講ずること（健康の管理）

（1） 作業環境測定（法第65条・法第65条の2）

趣旨：

・有害な業務を行う屋内作業場で、作業環境管理を実施する必要性が高い作業場において作業環境測定の実施等が必要。

・作業環境測定結果の評価に基づき、必要な場合には施設・設備の設置・整備、健康診断の実施が必要。

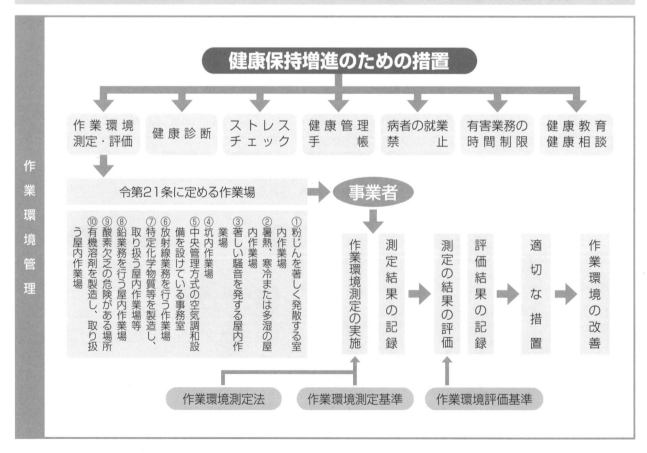

(2) 作業管理 （法第65条の3・法第65条の4）

趣旨：職場における労働者の健康の保持増進のためには、作業に伴う個々の労働者の疲労・ストレスが過度にならないように作業を適切に管理することが必要。

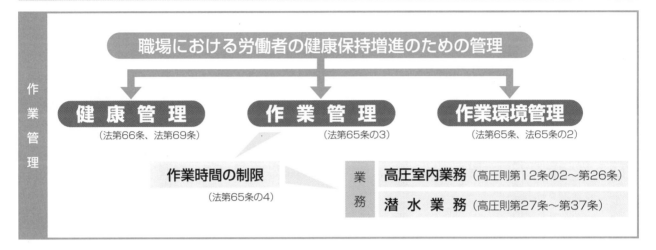

(3) 健康診断 （法第66条〜法第66条の9）〔巻末資料　表5参照〕

趣旨：
・個々の労働者の健康状態を把握し、適切な健康管理を行っていくため。
・労働者の健康状況から職場の有害因子を発見し、改善していくため。

①一般健康診断 （法第66条第1項・第5項）

一般健康診断の種類

・雇入れ時の健康診断：適正配置・入職後の健康管理の基礎資料のため （安衛則第43条）

・定期健康診断：労働者の健康状態の推移を把握し、潜在する疾病を早期発見するため。1年に1回 （安衛則第44条）

・特定業務従事者の健康診断：特定業務への配置替え・6月に1回 （安衛則第45条）

・海外派遣労働者の健康診断：海外での疾病の発症・悪化の場合負担増大。帰国後の就業上の配慮も必要 （安衛則第45条の2）

・給食従事者の検便：雇入れ時・配置替えの際に実施 （安衛則第47条）

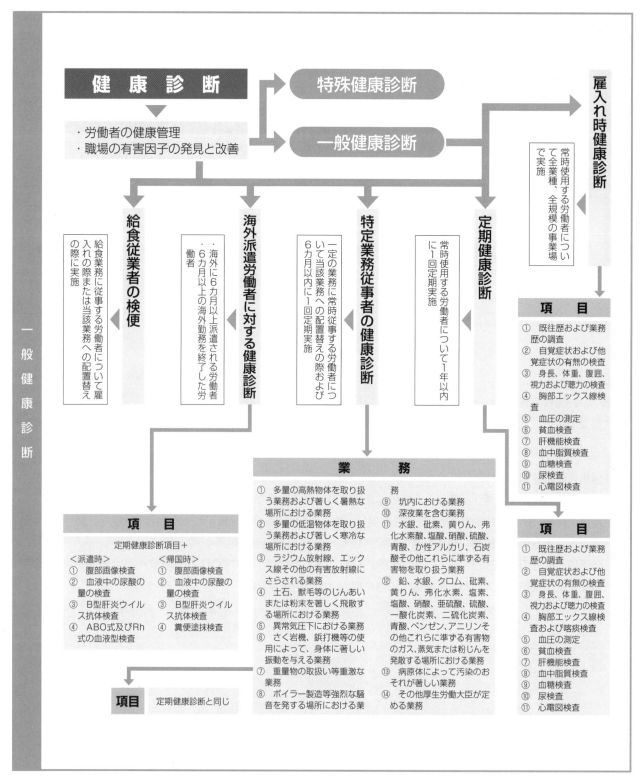

※ 「定期健康診断」、「特定業務従事者の健康診断」の省略基準については、66ページ参照

②有害業務従事者の健康診断（法第66条第2項・第3項）

趣旨：業務に起因する疾病の可能性の高い業務については、これに起因する疾病の早期発見・適切な事後措置等の健康管理が必要。

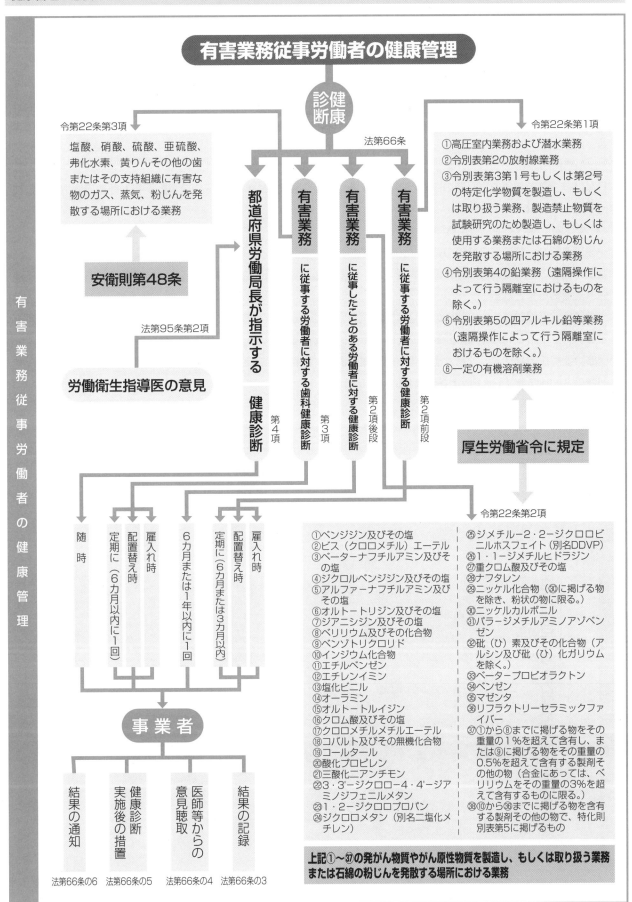

有害業務従事労働者の健康管理

健康診断

令第22条第3項
塩酸、硝酸、硫酸、亜硫酸、弗化水素、黄りんその他の歯またはその支持組織に有害な物のガス、蒸気、粉じんを発散する場所における業務

安衛則第48条

法第95条第2項

労働衛生指導医の意見

都道府県労働局長が指示する 健康診断 第4項

法第66条

有害業務 に従事する労働者に対する歯科健康診断 第3項

有害業務 に従事したことのある労働者に対する健康診断 第2項後段

有害業務 に従事する労働者に対する健康診断 第2項前段

令第22条第1項
①高圧室内業務および潜水業務
②令別表第2の放射線業務
③令別表第3第1号もしくは第2号の特定化学物質を製造し、もしくは取り扱う業務、製造禁止物質を試験研究のため製造し、もしくは使用する業務または石綿の粉じんを発散する場所における業務
④令別表第4の鉛業務（遠隔操作によって行う隔離室におけるものを除く。）
⑤令別表第5の四アルキル鉛等業務（遠隔操作によって行う隔離室におけるものを除く。）
⑥一定の有機溶剤業務

厚生労働省令に規定

随時

定期に（6カ月以内に1回）

配置替え時

雇入れ時

6カ月または1年以内に1回

定期に（6カ月または3カ月以内）

配置替え時

雇入れ時

令第22条第2項

①ベンジジン及びその塩
②ビス（クロロメチル）エーテル
③ベーターナフチルアミン及びその塩
④ジクロルベンジジン及びその塩
⑤アルファーナフチルアミン及びその塩
⑥オルトートリジン及びその塩
⑦ジアニシジン及びその塩
⑧ベリリウム及びその化合物
⑨ベンゾトリクロリド
⑩インジウム化合物
⑪エチルベンゼン
⑫エチレンイミン
⑬塩化ビニル
⑭オーラミン
⑮オルトートルイジン
⑯クロム酸及びその塩
⑰クロロメチルメチルエーテル
⑱コバルト及びその無機化合物
⑲コールタール
⑳酸化プロピレン
㉑三酸化二アンチモン
㉒3・3'-ジクロロ-4・4'-ジアミノジフェニルメタン
㉓1・2-ジクロロプロパン
㉔ジクロロメタン（別名二塩化メチレン）
㉕ジメチル-2・2-ジクロロビニルホスフェイト（別名DDVP）
㉖1・1-ジメチルヒドラジン
㉗重クロム酸及びその塩
㉘ナフタレン
㉙ニッケル化合物（㉚に掲げる物を除き、粉状の物に限る。）
㉚ニッケルカルボニル
㉛パラージメチルアミノアゾベンゼン
㉜砒（ひ）素及びその化合物（アルシン及び砒（ひ）化ガリウムを除く。）
㉝ベータープロピオラクトン
㉞ベンゼン
㉟マゼンタ
㊱リフラクトリーセラミックファイバー
㊲①から⑧までに掲げる物をその重量の1％を超えて含有し、または⑨に掲げる物をその重量の0.5％を超えて含有する製剤その他の物（合金にあっては、ベリリウムをその重量の3％を超えて含有するものに限る。）
㊳⑩から㊱までに掲げる物を含有する製剤その他の物で、特化則別表第5に掲げるもの

上記①～㊲の発がん物質やがん原性物質を製造し、もしくは取り扱う業務または石綿の粉じんを発散する場所における業務

事業者

結果の通知 法第66条の6

実施後の措置 法第66条の5

健康診断 実施後の措置

医師等からの意見聴取 法第66条の4

結果の記録 法第66条の3

有害業務従事労働者の健康管理

③健康診断実施に関する事項

1　一般定期健康診断

　労働者数が常時50人以上の規模の事業者は、一般定期健康診断、特定業務従事者の定期の健康診断、歯科医師による定期の健康診断を行った場合は、遅滞なく、定期健康診断結果報告書を所轄の労働基準監督署長に提出する（法第100条第1項、安衛則第52条）。

2　特殊健康診断

　事業規模にかかわらず、全ての事業者は、有機則第30条の3、特化則第41条、鉛則第55条、四アルキル鉛則第24条、高圧則第40条、電離則第58条、石綿則第43条、除染則第24条に基づく健康診断（定期のものに限る。）を行ったときは、遅滞なく、それぞれの取扱物質に応じた健康診断結果報告書を所轄の労働基準監督署長に提出する。

3　じん肺健康診断

　じん肺健康診断結果でじん肺の所見があると診断された労働者について、その結果証明書を都道府県労働局長に提出する（じん肺法第12条）。

4　健康診断に伴う賃金、費用負担等

①一般健康診断、特殊健康診断の費用は、事業者が負担する。

②派遣労働者の一般健康診断は派遣元事業者が、特殊健康診断は派遣先事業者が行い、特殊健康診断の費用は派遣先事業者の負担となる。

③一般健康診断受診のための時間の賃金は労使間の協議によって定めるべきもの（事業者が賃金を支払うことが望ましい）であり、特殊健康診断受診のための時間は賃金の支払いが必要である。

④健康診断実施義務のある「常時使用する短時間労働者」とは、1週間の労働時間数が通常の労働者の所定労働時間数の3／4以上（1／2以上が望ましい）をいう。

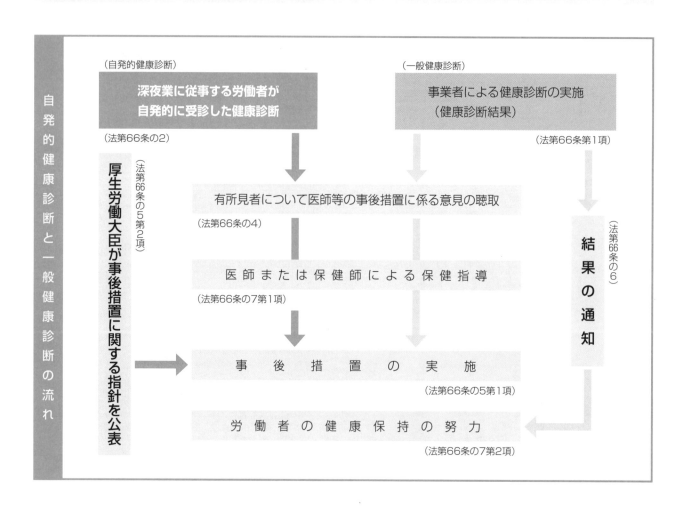

④健康診断の結果の記録（法第66条の3）

健康診断個人票（安衛則様式第5号等）を作成し、5年間保存すること。（がん原性物質〈特化則の特別管理物質〉の業務は30年間、石綿の業務は40年間）

⑤健康診断の結果についての医師等からの意見聴取（法第66条の4）

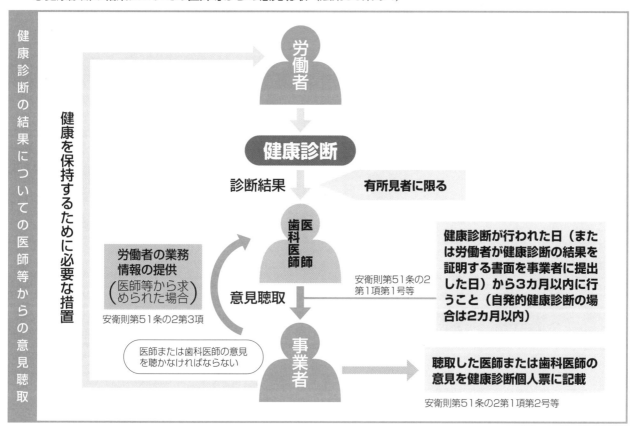

⑥健康診断実施後の措置（法第66条の5）

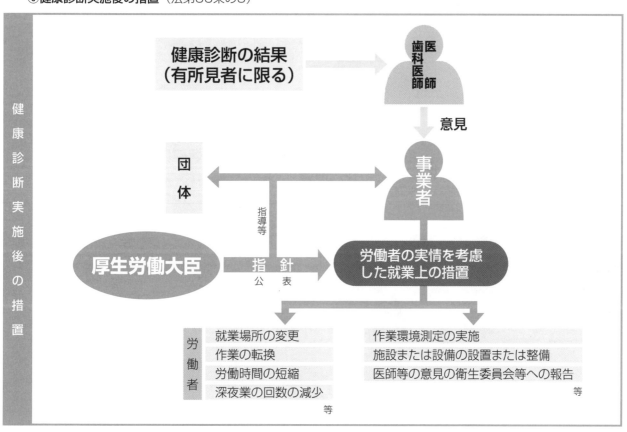

⑦健康診断の結果の通知（法第66条の6）

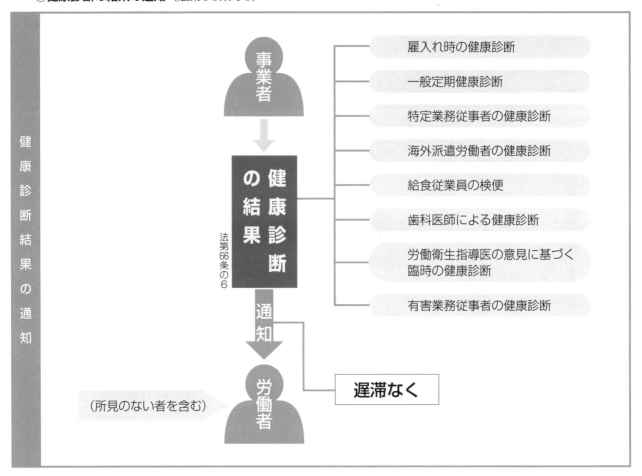

⑧保健指導等（法第66条の7）

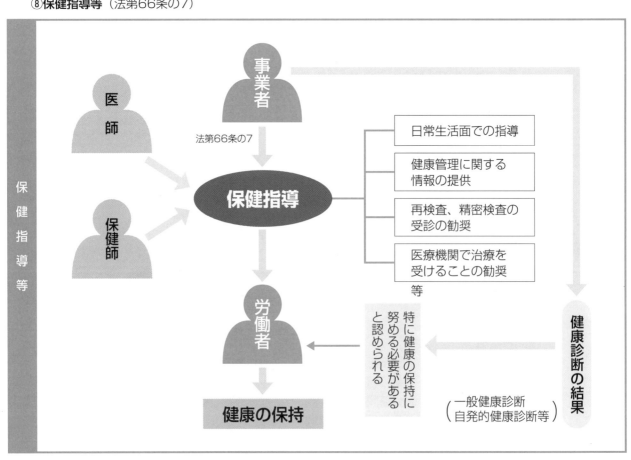

⑨**面接指導等**（法第66条の8、法第66条の8の2、法第66条の8の4、法第66条の9）

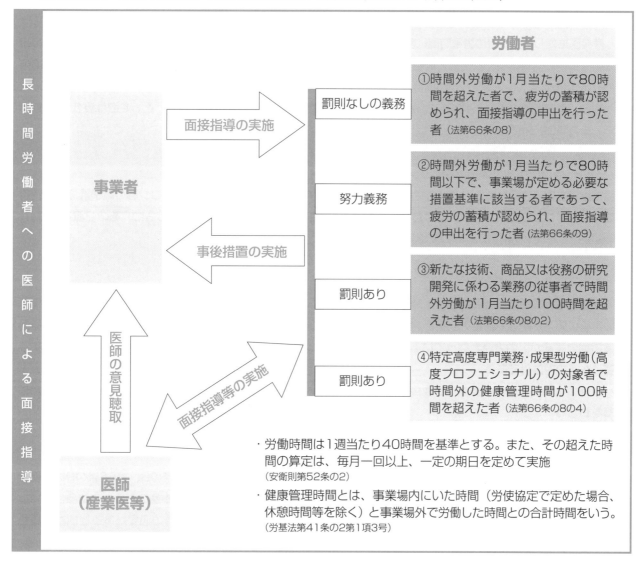

1　法第66条の8の面接指導等

ア　対象労働者：「休憩時間を除き、1週間当たり40時間を超えて労働させた場合におけるその超えた時間（以下「時間外労働時間」という。）が1月当たり80時間を超えた者」で、「疲労の蓄積が認められ、面接指導の申出を行った者」（安衛則第52条の2、第52条の3第1項、第2項）である。ただし、法第66条の8の2第1項に規定する者、第66条の8の4第1項に規定する者は本条の対象外である。

イ　時間外労働時間の算定は、毎月1回以上、一定の期日を定めて実施する。

ウ　時間外労働時間が1月当たり80時間を超えた労働者に対し、速やかに、当該超えた時間の情報を通知（安衛則第52条の2第3項）する。

エ　労働者は医師による面接指導を受ける必要があるが、事業者の指定した医師が行う面接指導を受けることを希望しない場合には、他の医師の行う面接指導を受けてその結果を証明する書面を事業者に提出できる（法第66条の8第2項）。

オ　労働者から面接指導の申出があったときは、遅滞なく、医師による面接指導を実施する（安衛則第52条の3第3項）。

カ　産業医は医師による面接指導の申出を行うよう労働者に勧奨することができる（安衛則第52条の3第4項）。

キ　面接指導結果の記録（医師の意見記載のもの）を作成し、5年間保存する（安衛則第52条の6）。

ク　面接指導の結果に基づく医師からの意見聴取は遅滞なく実施する（安衛則第52条の7）。

ケ　労働者の実情を考慮して必要があると認められる場合には、「就業場所の変更、作業の転換、労働時間の短縮、

深夜業の回数の減少等の措置」（図の①、②）を講じるほか、「医師の意見を衛生委員会等に報告する」などの適切な措置を実施する（法第66条の8第5項）。

コ　産業医に対して労働者の労働時間に関する情報（時間外労働時間が1月当たり80時間（法第66条の8の2の研究開発業務の従事者は100時間）を超えた労働者の氏名とその労働時間）、その他健康診断後の措置、法第66条の10に定めるストレスチェックの面接指導後の措置等を産業医に提供する（安衛則第14条の2第1項第2号）。

　　　なお、面接指導の申出の手続きをした労働者は「疲労の蓄積があると認められる者」として取り扱う（平成18年　基発第0224003号）。

2　法第66条の8の3の労働者の労働時間の把握

　面接指導を実施するため、労働者の労働時間についてタイムカードによる記録、パソコン等の電子計算機の使用時間（ログインからログアウトまでの時間）の記録等の客観的な方法等で把握するとともに、その記録を作成し、3年間保存する（安衛則第52条の7の3）。

3　法第66条の9の面接指導

ア　対象労働者：時間外労働時間が1月当たり80時間以下であって、事業場において定められた当該必要な措置の実施に関する基準に該当する者で、疲労の蓄積が認められ、面接指導の申出を行った者に対し、医師による面接指導の実施が努力義務となっている。ただし、法第66条の8、第66条の8の2、第66条の8の4に該当する者は本条の対象外である。

イ　医師による面接指導の実施及び面接指導の結果に基づく必要な措置等については、法第66条の8に準じた措置を講じる。

4　法第66条の8の2（研究開発業務の従事者）の面接指導等

ア　対象労働者：時間外労働時間が1月当たり100時間を超えた全ての者（法第66条の8、第66条の9は労働者からの面接指導の申出が要件）である。ただし、法第66条の8の4に該当する者は本条の対象外である。

イ　上記ア以外の措置等は、法第66条の8に準じた措置であるが、相違点は健康保持の必要があると認める場合の措置について、「就業場所の変更、職務内容の変更、有給休暇の付与、深夜業の回数の減少等の措置」である。

5　法第66条の8の4（高度プロフェッショナルの対象者）の面接指導等

　法第66条の8の2（研究開発業務の従事者）の面接指導等と同じであるが、相違点は①「労働時間」ではなく「健康管理時間」*、②健康保持の必要があると認める場合の措置として「職務内容の変更、有給休暇の付与、健康管理時間が短縮されるための配慮等の措置」である。

＊　「健康管理時間」とは、対象業務に従事する対象労働者の健康管理を行うために当該対象労働者が事業場内にいた時間（賃金、労働時間その他の当該事業場における労働条件に関する事項を調査審議し、事業主に対し当該事項について意見を述べることを目的とする委員会（使用者及び当該事業場の労働者を代表する者を構成員とするものに限る。）が休憩時間以外の時間を除くことを決議したときは、当該決議に係る時間を除いた時間）と事業場外において労働した時間との合計の時間をいう（労基法第41条の2第1項第3号）。

　　　ここでいう「対象業務」とは、高度の専門的知識等（高度プロフェッショナル）を必要とし、その性質上従事した時間と従事して得た成果との関連性が通常高くないと認められるものとして厚生労働省令で定める業務のうち、労働者に就かせることとする業務をいう（労基法第41条の2第1項第1号）。

(4) 心理的な負担の程度を把握するための検査等（ストレスチェック）（法第66条の10）

趣旨：働く人のストレス状況を定期的に検査・対処して、メンタルヘルス不調を未然に防ぐ取り組み。

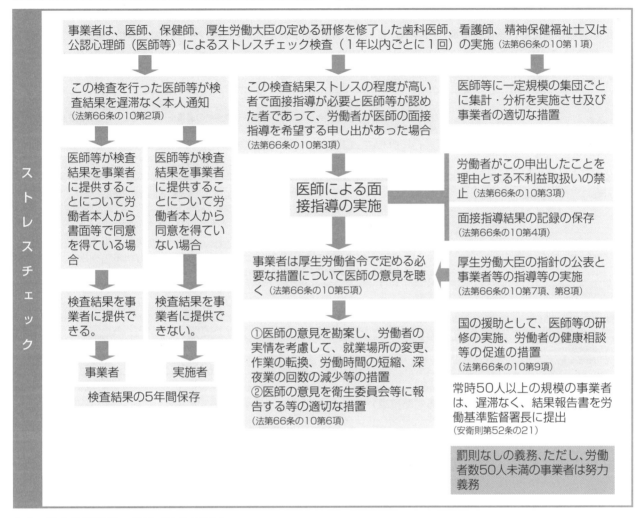

(5) 健康管理手帳の受付（法第67条）

がん及びじん肺のように発症までの潜伏期間が長く、重篤な疾病にかかるおそれのある人々に対して行う管理制度の規定。

(6) 病者の就業禁止（法第68条）

伝染病などに罹患した労働者→就業禁止

(7) 受動喫煙の防止（法第68条の2）

趣旨：受動喫煙を防止するため、事業者及び事業場の実情に応じた適切な措置を講ずることが事業者の努力義務。

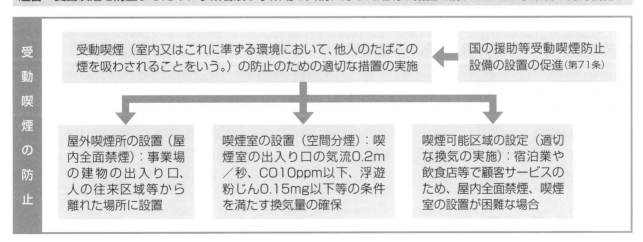

(8) 健康の保持増進 （法第69条〜法第71条）

・労働者の健康の保持増進に資するため、その心とからだの健康づくりの推進。

・個人の生活習慣を見直し、若い頃から継続的で計画的な健康づくりを進めることで、より健康になることを目標。

〈定期健康診断における省略基準〉（平成10・6・24　労働省告示第88号、改正平成22・1・25　厚生労働省告示第25号）

健康診断項目	省略基準（医師の判断による）
○身長	20歳以上
○腹囲	1　40歳未満の者（35歳は省略不可） 2　妊娠中の女性等であって、その腹囲が内臓脂肪の蓄積を反映していないと診断されたもの 3　BMI（体重(kg) ÷ 身長(m) ÷ 身長(m)）が20未満である者 4　BMIが22未満であり、かつ、自ら腹囲を測定し、その値を申告した者
○胸部エックス線検査	40歳未満の労働者で、下の1〜3のいずれにも該当しない者 1　20歳、25歳、30歳、35歳の労働者 2　感染症法で結核に係る定期の健康診断の対象とされている施設等（学校、病院、介護老人保健施設、特定の社会福祉施設等）の労働者 3　じん肺法で3年に1回のじん肺健康診断の対象とされている労働者
○喀痰（かくたん）検査	1　胸部エックス線検査によって病変の発見されない者 2　胸部エックス線検査によって結核発病のおそれがないと診断された者 3　胸部エックス線検査の省略基準に掲げる者
○貧血検査（血色素量、赤血球数） ○肝機能検査（GOT、GPT、γ GTP） ○血中脂質検査（LDLコレステロール、HDLコレステロール、血清トリグリセライド） ○血糖検査 ○心電図検査	40歳未満（35歳を除く）

〈特定業務従事者の健康診断における省略基準〉（平成22・1・25　厚生労働省告示第26号）

健康診断項目	省略基準（医師の判断による）
○身長	20歳以上
○腹囲	1　40歳未満の者（35歳は省略不可） 2　妊娠中の女性等であって、その腹囲が内臓脂肪の蓄積を反映していないと診断されたもの 3　BMI（体重(kg) ÷身長(m) ÷身長(m)）が20未満である者 4　BMIが22未満であり、かつ、自ら腹囲を測定し、その値を申告した者
○喀痰（かくたん）検査	1　胸部エックス線検査によって病変の発見されない者 2　胸部エックス線検査によって結核発病のおそれがないと診断された者
○貧血検査（血色素量、赤血球数） ○肝機能検査（GOT、GPT、γ-GTP） ○血中脂質検査（LDLコレステロール、HDLコレステロール、血清トリグリセライド） ○血糖検査 ○心電図検査	40歳未満（35歳を除く）

(9) 快適な職場環境の形成 （法第71条の2〜4）

趣旨：誰でも働きやすい快適な職場環境の必要性（職業生活で疲労・ストレスを感じる労働者の増加、働きやすい職場環境を求める労働者の増加、高齢化・女性の職場進出）

事業主：快適な職場環境を形成する義務（努力義務）

ⅰ 作業環境を快適な状態に維持改善

ⅱ 作業方法の改善

ⅲ 疲労を回復するための施設・設備の設置・整備

ⅳ その他必要な措置

厚生労働大臣：指針の策定・公表

（1）特別安全衛生改善計画 （法第78条）

趣旨：同様の重大な労働災害が同一企業の別の事業場で繰り返し発生する事案が散見されることへの措置。

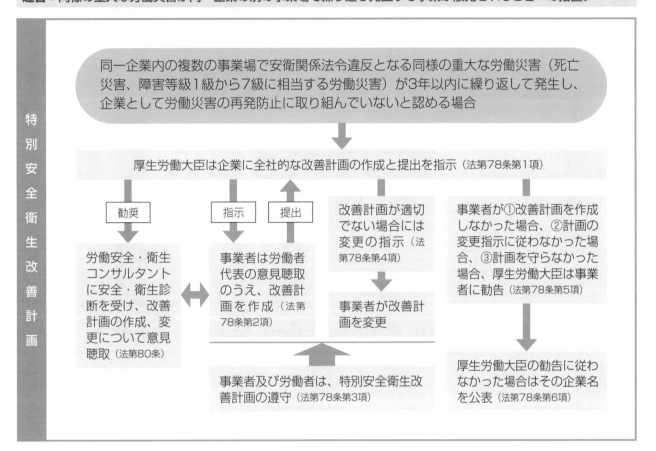

同一企業内の複数の事業場で安衛関係法令違反となる同様の重大な労働災害（死亡災害、障害等級1級から7級に相当する労働災害）が3年以内に繰り返して発生し、企業として労働災害の再発防止に取り組んでいないと認める場合

厚生労働大臣は企業に全社的な改善計画の作成と提出を指示 （法第78条第1項）

勧奨

指示

提出

労働安全・衛生コンサルタントに安全・衛生診断を受け、改善計画の作成、変更について意見聴取 （法第80条）

事業者は労働者代表の意見聴取のうえ、改善計画を作成 （法第78条第2項）

改善計画が適切でない場合には変更の指示 （法第78条第4項）

事業者が改善計画を変更

事業者が①改善計画を作成しなかった場合、②計画の変更指示に従わなかった場合、③計画を守らなかった場合、厚生労働大臣は事業者に勧告 （法第78条第5項）

厚生労働大臣の勧告に従わなかった場合はその企業名を公表 （法第78条第6項）

事業者及び労働者は、特別安全衛生改善計画の遵守 （法第78条第3項）

特別安全衛生改善計画

（2）安全衛生改善計画 （法第79条～法第80条）

趣旨：事業者の労働災害防止活動を促進するため、問題のある事業者に対し、安全衛生改善計画の作成を指示。

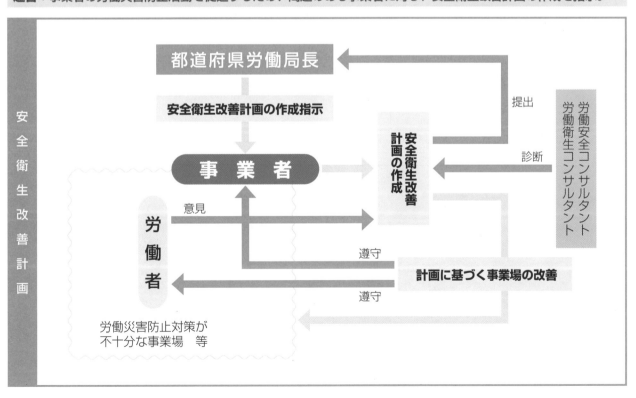

都道府県労働局長

安全衛生改善計画の作成指示

事業者

安全衛生改善計画の作成

提出

診断

労働安全コンサルタント
労働衛生コンサルタント

労働者

意見

遵守

遵守

計画に基づく事業場の改善

労働災害防止対策が不十分な事業場　等

安全衛生改善計画

67

（3） コンサルタント（法第81条〜法第87条）

趣旨：安全衛生についての専門的な立場からの診断・指導により事業者の自主的な安全衛生対策をより効果的なものにすること。

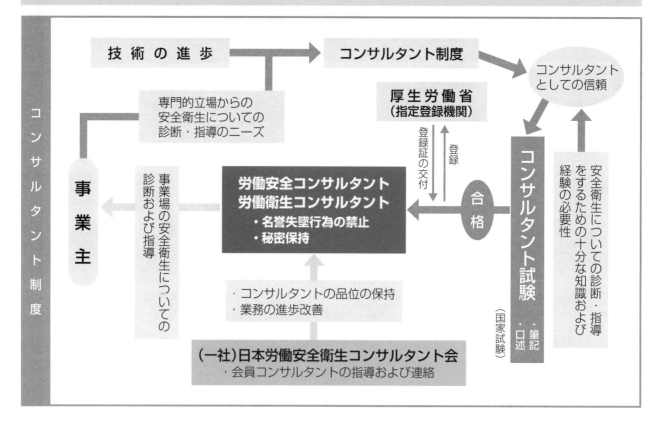

（4）計画の届出等（法第88条）

趣旨：労働災害の防止のため、機械等の設置及び工事等に関する計画の事前審査制度等の規定。

計画の届出等

労働基準監督署長

届出 工事開始30日前

届出 工事開始14日前

免除

危険有害な作業を必要とする機械等の設置、移転等の計画

（安衛則別表第7の機械等）

（動力プレス、化学設備、足場、型枠支保工等）

事業者が危険性・有害性等の調査・その結果に基づく措置、計画の作成・実施・評価・改善など安全衛生水準向上のための自主的活動（労働安全衛生マネジメントシステム）を行っていると労働基準監督署長が認定した場合

建設業または土石採取業の仕事の計画

① 高さ31mを超える建築物または工作物の建設、改造、解体または破壊の仕事（橋梁を除く。）
② 最大支間50m以上の橋梁の建設等の仕事
③ 最大支間30m以上50m未満の橋梁の上部構造の建設等の仕事（一定の場所で行われるものに限る。）
④ ずい道等の建設等の仕事（一定のものを除く。）
⑤ 掘削の高さまたは深さが10m以上である地山の掘削の作業を行う仕事（一定のものを除く。）
⑥ 圧気工法による作業を行う仕事
⑦ 耐火建築物または準耐火建築物で石綿等が吹き付けられているものにおける石綿等の除去の作業を行う仕事
⑧ 廃棄物焼却炉、集じん機等の設備の解体等の仕事
⑨ 掘削の高さまたは深さが10m以上の土石の採取のための掘削の作業を行う仕事
⑩ 坑内掘りによる土石の採取のための掘削の作業を行う仕事

（安衛則第90条）

厚生労働大臣

届出 工事開始30日前

特に大規模な建設業の仕事の計画

① 高さが300m以上の塔の建設の仕事
② 堤高（基礎地盤から堤頂までの高さをいう。）が150m以上のダムの建設の仕事
③ 最大支間500m（つり橋にあっては1,000m）以上の橋梁の建設の仕事
④ 長さが3,000m以上のずい道等の建設の仕事
⑤ 長さが1,000m以上3,000m未満のずい道等の建設の仕事で、深さが50m以上のたて坑（通路として使用されるものに限る。）の掘削を伴うもの
⑥ ゲージ圧力が0.3メガパスカル以上の圧気工法による作業を行う仕事

（安衛則第89条の2）

（安衛則別表第9）

参画者

勧告または要請
（法第89条第3項）

差止めまたは変更命令
（法第88条第6項）

事 業 者

勧告または要請
（法第89条第3項）

差止めまたは変更命令
（法第88条第6項）

発 注 者

勧告または要請
（法第88条第7項）

勧告または要請
（法第88条第7項）

(5) 厚生労働大臣の審査 （法第89条）

趣旨：高度の技術的検討が必要なものについて、厚生労働大臣が審査。

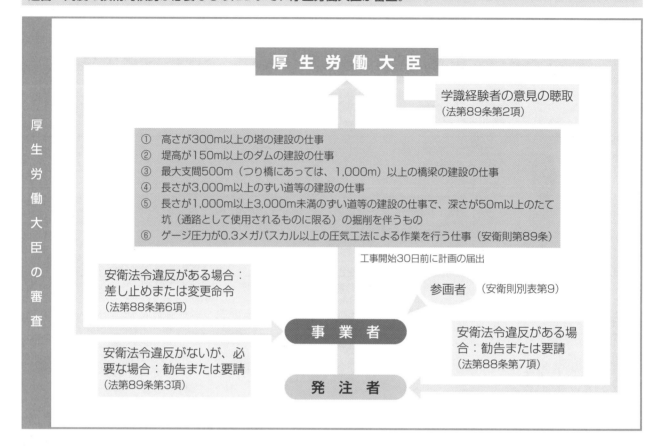

(6) 都道府県労働局長の審査 （法第89条の2）

趣旨：高度な技術的検討を要するものに準ずる仕事の計画について、都道府県労働局長が審査。

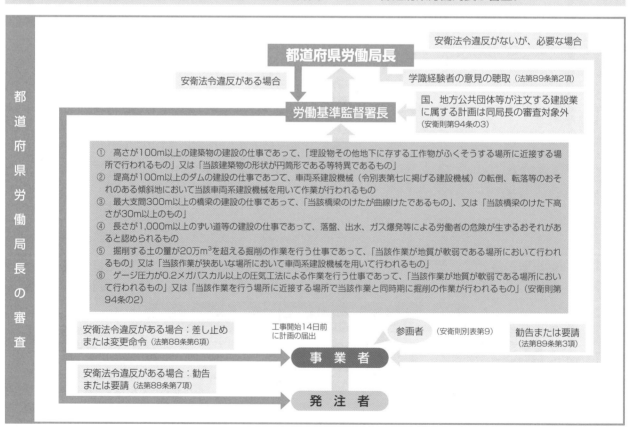

法第90条～法第99条 （略）

（7） 講習の指示（法第99条の2・法第99条の3）

趣旨：労働災害を発生させた事業場の労働災害防止業務従事者や就業制限業務従事者に対し講習の受講を指示。

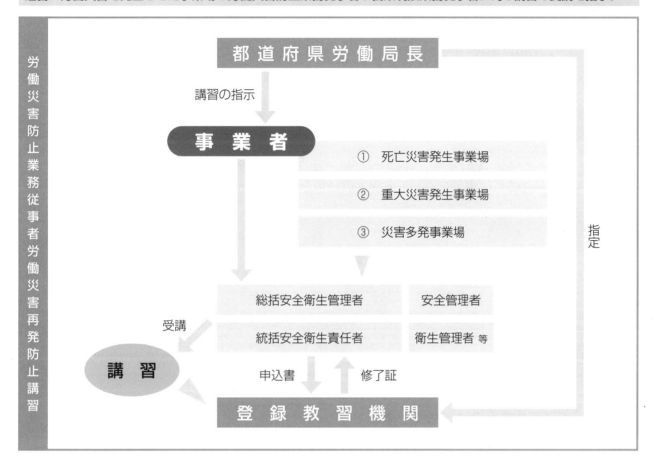

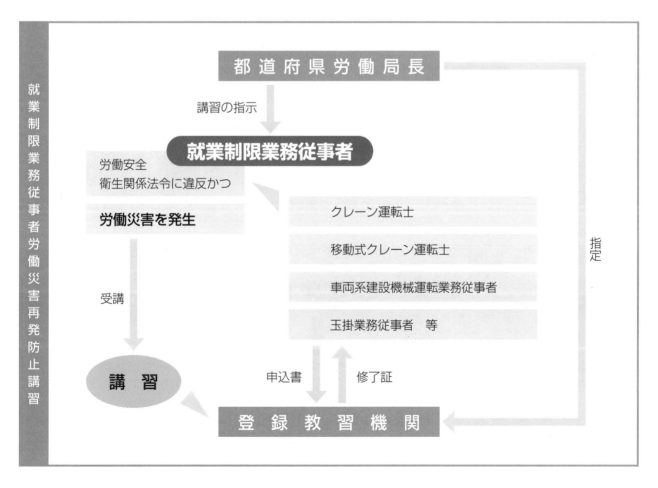

(8) 事業者による書類の保存等 (法第101条～法第103条)

①法令等の周知 (法第101条)

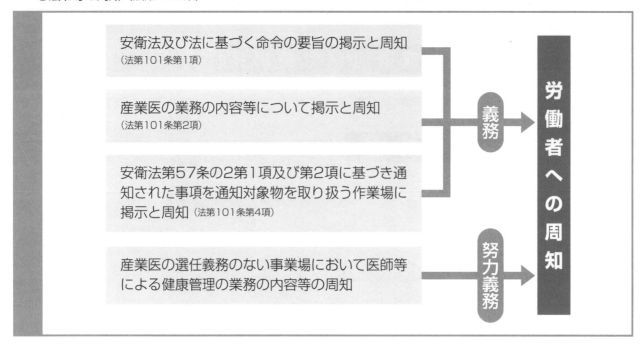

②ガス工作物等設置者の義務 (法第102条)

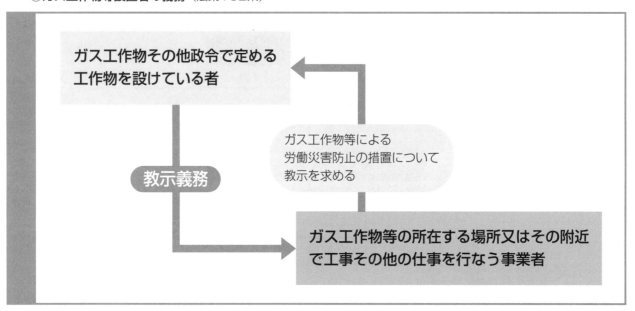

③書類の保存等 (法第103条)

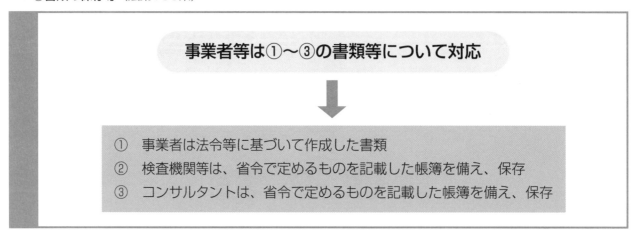

（9） 心身の状態に関する情報の取扱い（法第104条）

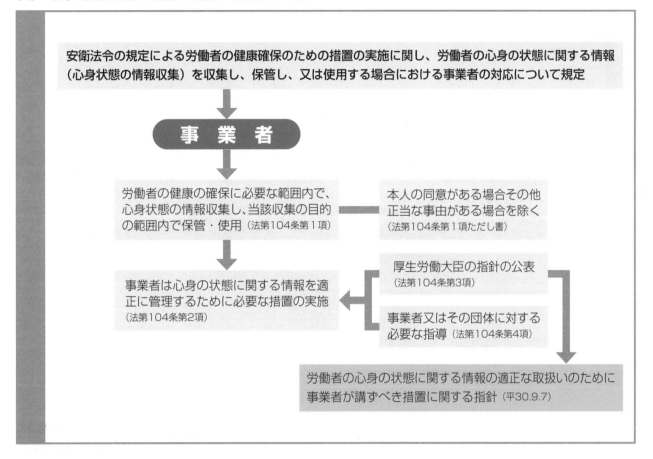

（10） 健康診断等に関する秘密の保持（法第105条）

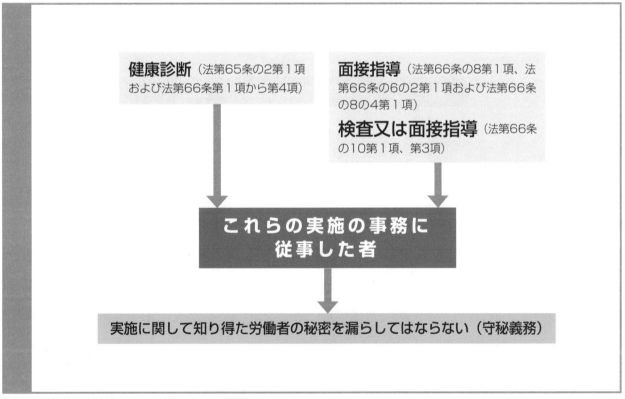

法第106条～法第114条（略）

（11）　労働安全衛生法の適用除外（法第115条関係）

労働安全衛生法の適用範囲

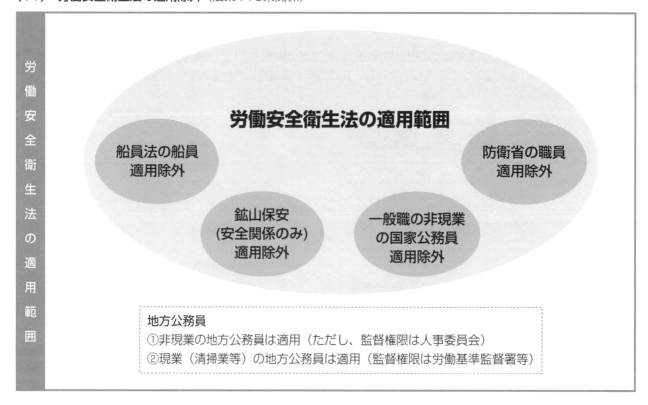

9　罰則　（法第115条の3〜法第123条）

罰則

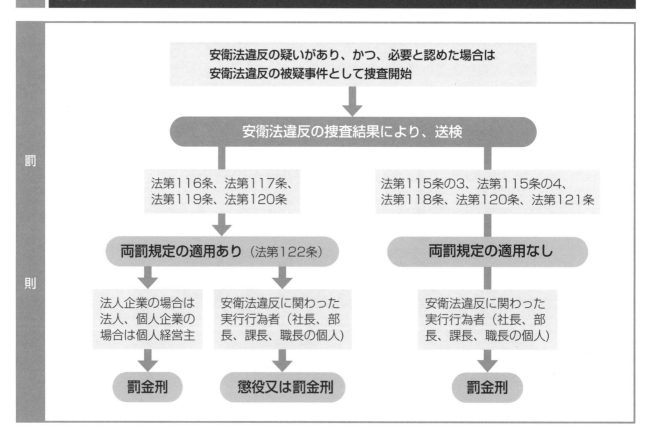

両罰規定とは

　「法人の代表者又は法人若しくは人の代理人、使用人その他の従業者」が、法第122条所定の違反行為をした時に、その行為者を罰するほか、その法人又は人に対しても所定の罰金刑を科すること。

巻末資料

表1 作業主任者（免許・技能講習）

表2 定期自主検査

表3 特別教育を必要とする危険有害業務

表4 就業制限（免許・技能講習）

表5 健康診断等

○労働安全衛生法様式一覧表（抜粋）

○表1　作業主任者（免許・技能講習）

令6条各号	各規則条文	作業主任者名称	資格種類	選任すべき作業（法14条／令6条／安衛則16条）	職務根拠	備考
1	高圧則10条	高圧室内作業主任者	免許	潜函工法その他の圧気工法により、大気圧を超える気圧下の作業室またはシャフト内部作業	高圧則10条2項	
2	則314	ガス溶接作業主任者	免許	アセチレン溶接装置またはガス集合溶接装置（10以上の可燃性ガスの容器を導管により連結または9以下は、水素もしくは溶解アセチレン400リットル以上、他は1,000リットル以上）を用いて行う金属の溶接、溶断、加熱作業	安衛則315	可燃性ガス令別表第1第5号参照
3	則513	林業架線作業主任者	免許	次のいずれかの機械集材装置、運材索道の組立て、解体、変更、修理の作業またはこれらの設備による集運材作業　① 原動機定格出力7.5キロワットを超えるもの　② 支間の斜距離の合計が350メートル以上のもの　③ 最大使用荷重が200キログラム以上のもの	安衛則514	
4	ボ則24	ボイラー取扱作業主任者	免許等	ボイラー取扱作業（小型除く→令1条4号）　① 特級＝伝熱面積合計500㎡以上（貫流のみは除く）　② 1級以上＝伝熱面積合計25㎡以上500㎡未満（貫流のみ500㎡以上）　③ 2級以上＝伝熱面積合計25㎡未満　④ 技能講習以上＝令20条5号イからニまでのボイラー	ボ則25	
5	電離則46	エックス線作業主任者	免許	次の放射線作業　ただし医療用または波高値による定格管電圧が1,000キロボルト以上のエックス線装置使用は除く。　① エックス線装置の使用またはエックス線の発生を伴う装置の検査業務　② エックス線管、ケノトロンのガス抜きまたはエックス線の発生を伴うこれらの検査業務	電離則47	電離則48条により診療放射線技師等資格者は申請により試験免除有
5の2	電離則52の2	ガンマ線透過写真撮影作業主任者	免許	ガンマ線照射装置を用いて行う透過写真撮影の作業	電離則52の3	電離則52条の4　同上
6	安衛則129	木材加工用機械作業主任者	技能講習	丸のこ・帯のこ・かんな、面取盤、ルーター、合計5台以上ただし、自動送材車式帯のこ盤含む場合　3台以上	安衛則130	
7	〃133	プレス機械作業主任者	同上	動力プレス5台以上	〃134	
8	〃297	乾燥設備作業主任者	同上	① 乾燥設備内容積1㎡以上（令別表第1危険物）　② 危険物以外設備、熱源として燃料又は電力使用	〃298	具体的には令6条及び通達
8の2	〃321の3	コンクリート破砕器作業主任者	同上	コンクリート破砕器を用いる破砕作業	〃321の4	
9	〃359	地山の掘削作業主任者	同上	掘削面の高さ2m以上の地山掘削	〃360	
10	〃374	土止め支保工作業主任者	同上	切りばり、腹おこしの取付けまたは取りはずし	〃375	
10の2	〃383の2	ずい道等の掘削等作業主任者	同上	ずい道等の掘削、ずり積み、支保工組立て（落盤、肌落防止用）、ロックボルト取付け、コンクリート等吹付け	〃383の3	
10の3	〃383の4	ずい道等の覆工作業主任者	同上	ずい道等の覆工（型わく支保工）組立て、移動、解体、コンクリート打設	〃383の5	
11	〃403	採石のための掘削作業主任者	同上	掘削面高さ2m以上（採石法2条の岩石）	〃404	
12	〃428	はい作業主任者	同上	高さ2m以上、はい付け、くずし（除ばら物荷、荷役機運転のみ）	〃429	
13	〃450	船内荷役作業主任者	同上	船舶荷積卸し、船舶内荷移動（除500t未満で揚貨を用いない）	〃451	
14	〃246	型わく支保工の組立て等作業主任者	同上	組立、解体（除建築物の柱、壁、橋脚、ずい道アーチ、側壁）	〃247	
15	〃565	足場の組立て等作業主任者	同上	つり足場、張出足場または高さ5m以上の組立解体、変更（除ゴンドラのつり足場）	〃566	
15の2	〃517の4	建築物等の鉄骨の組立て等作業主任者	同上	建築物の骨組みまたは塔であって、金属製の部材により構成されるもの（高さ5m以上）の組立て、解体または変更の作業	〃517の5	
15の3	〃517の8	鋼橋架設等作業主任者	同上	橋梁の上部構造であって、金属製の部材により構成されるもの（高さ5m以上、橋梁の支間が30m以上）の架設、解体または変更の作業	〃517の9	
15の4	〃517の12	木造建築物の組立て等作業主任者	同上	木造建築物（軒の高さが5m以上）の構造部材の組立てまたはこれに伴う屋根下地もしくは外壁下地の取付け作業	〃517の13	
15の5	〃517の17	コンクリート造の工作物の解体等作業主任者	同上	コンクリート造の工作物（高さ5m以上）の解体または破壊の作業	〃517の18	
16	〃517の22	コンクリート橋架設等作業主任者	同上	橋梁の上部構造であってコンクリート造のもの（高さ5m以上、橋梁の支間が30m以上）の架設または変更の作業	〃517の23	
17	ボ則62	第一種圧力容器取扱作業主任者	化学設備は第一種圧力技能他はボイラー技士または第一種圧力技能修了	第一種圧力容器の取扱作業（除令1条6号の小型圧力および令6条17号イ・ロ）	ボ則63	化学設備令9条の3第1号
18	特化則27	特定化学物質作業主任者	技能講習	令別表第3の特定化学物質（1類2類3類）製造または取り扱う作業（除試験研究の取扱等）	特化則28	
18	特化則27	金属アーク溶接等作業主任者	同上	令別表第3の第2類34の2金属アーク溶接等作業	特化則28の2	令和6年1月1日施行
18	特化則27	特定化学物質作業主任者（特別有機溶剤等関係）	同上	令別表第3の第2類特別有機溶剤等製造又は取り扱う作業	特化則28	
19	鉛33	鉛作業主任者	同上	令別表第4の鉛業務1号から10号まで（除遠かく操作）	鉛34	
20	四14	四アルキル鉛等作業主任者	同上	令別表第5の四アルキル業務1号～6号　8号	四15	
21	酸欠11	酸素欠乏危険作業主任者	同上	令別表第6の酸欠危険場所	酸11条2項	
22	有機19	有機溶剤作業主任者	同上	令別表第6の2に掲げる有機溶剤	有機19の2	
23	石綿19	石綿作業主任者	同上	① 石綿等を取り扱う作業　② 石綿等を試験研究のため製造する作業	石綿20	

（注）酸素欠乏危険作業主任者　第一種　令別表第6のうち第二種以外のもの
　　　　　　　　　　　　　　　　第二種　令別表第6第3号の3、第9号、第12号

75

○表2　定期自主検査

巻末資料

表1　作業主任者（免許・技能講習）

表2　定期自主検査

表3　特別教育を必要とする危険有害業務

表4　就業制限（免許・技能講習）

表5　健康診断等

○労働安全衛生法様式一覧表（抜粋）

定期自主検査を行うべき機械等（記録は3年間保存）	検査時期			
	作業開始時（使用開始時）	月1回	年1回	その他
1　ボ　イ　ラ　ー		ボ　032		
2　第一種圧力容器		ボ　067		
3　クレーン（0.5t以上）	ク　036	ク　035	ク　034	
4　移動式クレーン（0.5t以上）	ク　078	ク　077	ク　076	
5　デリック（0.5t以上）	ク　121	ク　120	ク　119	
6　エレベーター（0.25t以上）		ク　155	ク　154	
7　建設用リフト（高さ10m以上）	ク　193	ク　192		
8　ゴ　ン　ド　ラ	ゴ　022	ゴ　021		
9　第二種圧力容器			ボ　088	
10　動力プレス機械	安　136		安　134の3	（特）安135の3
11　フォークリフト	安　151の25	安　151の22	安　151の21	（特）安151の24
12　車両系建設機械	安　170	安　168	安　167	（特）安169の2
13　車両系木材伐出機械	安　151の110	安　151の109	安　151の108	
14　小型ボイラー			ボ　094	
15　小型圧力容器			ボ　094	
16　簡易リフト（0.25t以上）	ク　210	ク　209	ク　208	
17　動力シャー	安　136		安　135	
18　動力遠心機械			安　141	
19　化学設備等	安　277		（2年に1回）安　276	
20　アセチレン溶接装置　ガス集合溶接装置			安　317	
21　乾燥設備			安　299	
22　局所排気装置	有22 鉛37 特化33 粉じん19 石綿24		有20 鉛35 特化30 粉じん17 石綿22	
23　特定化学設備等	特化　34		（2年に1回）特化　31	
24　ショベルローダー	安　151の34	安　151の32	安　151の31	
25　フォークローダー	安　151の34	安　151の32	安　151の31	
26　ストラドルキャリアー	安　151の41	安　151の39	安　151の38	
27　ガンマ線照射装置（透過撮影）	電離　18の8	電離　18の5	（6月に1回）電離　18の6	
28　不整地運搬車	安　151の57	安　151の54	（2年に1回）安　151の53	（特）安151の56
29　高所作業車（作業床高さ2m以上）	安　194の27	安　194の24	安　194の23	（特）安194の26

（注）　① 絶縁用保護具、防具、活線作業用装置、器具、動力車、動力巻上装置については省略。

　　　② （特）は特定自主検査を表す。

　　　③ 安、ク、ボ、ゴ、有、鉛、特化、粉じん、電離、石綿は各規則の略称

○表3　特別教育を必要とする危険有害業務

則36号別	対 象 業 務 （法 59条）（安衛則 36条）
1	研削といしの取替、取替時の試運転の業務
2	動力プレス機械の金型、シャーの刃部またはプレス機械、シャーの安全装置、安全囲いの取付け、取外し、調整の業務
3	アーク溶接業務
4	高圧（直流750ボルト、交流600ボルト超〜7,000ボルト以下）、特別高圧（7,000ボルト超）、低圧の活線等の業務
4の2	電気自動車等の整備の業務
5	最大荷重1トン未満のフォークリフト運転の業務（他に道交法適用）
5の2	最大荷重1トン未満のショベルローダー、フォークローダー運転の業務
5の3	最大積載量1トン未満の不整地運搬車運転の業務
5の4	テールゲートリフター（第151条の2第7号の貨物自動車の荷台の後部に設置された動力により駆動されるリフトをいう。以下同じ。）の操作の業務（当該貨物自動車に荷を積む作業又は当該貨物自動車から荷を卸す作業を伴うものに限る。）＊令和6年2月1日施行
6	制限荷重5トン未満の揚貨装置運転の業務
6の2	伐木等機械（伐木、造材または原木等の集積を行うための機械）の運転の業務
6の3	走行集材機械（車両の走行により集材を行うための機械）の運転の業務
7	機械集材装置（集材機、架線、搬器、支柱等により構成、動力を用い原木等空中運搬設備）の運転の業務
7の2	簡易架線集材装置（集材機、架線、搬器、支柱等により構成、動力を用い原木等の運搬設備）の運転または架線集材機械の運転の業務
8	チェーンソーを用いて行う立木の伐木、かかり木の処理又は造材の業務
9	機体重量3トン未満で不特定場所に自走できるものの運転の業務 ・令別表7の1号（整地運搬積込機）①ブルドーザー　②モーターグレーダー　③トラクターショベル　④ずり積機　⑤スクレーパー　⑥スクレープドーザー ・令別表7の2号（掘削機）①パワーショベル　②ドラグショベル　③ドラグライン　④クラムシェル　⑤バケット掘削機　⑥トレンチャー ・令別表7の3号（基礎工事機）①くい打機　②くい抜機　③アースドリル　④リバースサーキュレーションドリル　⑤せん孔機　⑥アースオーガー　⑦ペーパードレーンマシン ・令別表7の6号（解体用機械）①ブレーカー　②鉄骨切断機　③コンクリート圧砕機　④解体用つかみ機
9の2	令別表7の3号（基礎工事機、上記参考）の機械で自走できないものの運転の業務
9の3	同上（同上）の機械で自走できるものの作業装置の操作の業務
10	令別表7の4号（締固め用機械）のローラー運転の業務
10の2	令別表7の5号（コンクリート打設用機械）の作業装置の操作の業務
10の3	ボーリングマシン運転の業務
10の4	ジャッキ式つり上げ機械の調整・運転業務
10の5	作業床の高さ10m未満の高所作業車運転の業務
11	動力巻上機（電気ホイスト、エヤーホイスト等）（ゴンドラを除く）の運転の業務
13	令15条1項8号の軌道装置等運転の業務（鉄道営業法、鉄道事業法、軌道法の適用を除く）
14	小型ボイラー取扱いの業務（令1条4号の小型ボイラー）
15	クレーン運転　1. つり上げ荷重5トン未満　2. こ線テルハ（5トン以上）
16	移動式クレーン1トン未満の運転の業務
17	デリック5トン未満の運転の業務
18	建設用リフトの運転の業務
19	玉掛（1トン未満のクレーン、移動式クレーン、デリック）の業務
20	ゴンドラの操作の業務
20の2	作業室、気閘室への送気のための空気圧縮機運転の業務
21	高圧室への送気調節を行うバルブ、コック操作の業務
22	気閘室への送気、排気の調節を行うバルブ、コック操作の業務
23	潜水作業者への送気調節を行うバルブ、コック操作の業務
24	再圧室操作の業務
24の2	高圧室内作業に係る業務
25	四アルキル鉛等業務（令別表5）
26	酸素欠乏危険作業に係る業務（令別表6）
27	特殊化学設備の取扱い、整備、修理の業務（令20条5号の第一種圧力容器の整備を除く）
28	エックス線装置またはガンマ線照射装置を用いて行う透過写真の撮影業務
28の2	加工施設、再処理施設等の管理区域内で核燃料物質等またはこれらに汚染された物を取り扱う業務
28の3	原子炉施設の管理区域内で核燃料物質等またはこれらに汚染された物を取り扱う業務
28の4	東日本大震災により生じた放射性物質により汚染された土壌等の除染業務、その他の事故由来放射性物質により汚染された物で、電離則2条2項に規定するものの処分の業務
28の5	電離則7条の2第3項の特例緊急作業に係る業務（H28.4.1より施行）
29	粉じん則2条1項3号の特定粉じん作業に係る業務
30	ずい道等の掘削作業、ずり、資材等の運搬、覆工のコンクリート打設等の作業に係る業務
31	産業用ロボットの教示等に係る機器の操作の業務
32	産業用ロボットの検査・修理・調整等の業務
33	空気圧縮機を用いる自動車（2輪自動車を除く）用タイヤの空気充てんの業務
34	廃棄物の焼却施設でばいじん、焼却灰その他の燃え殻を取り扱う業務（36号に掲げる業務を除く）
35	廃棄物の焼却施設に設置された廃棄物焼却炉、集じん機等の設備の保守点検等の業務
36	廃棄物の焼却施設に設置された廃棄物焼却炉、集じん機等の設備の解体等の業務、ばいじんその他の燃え殻を取り扱う業務
37	石綿則4条1項の石綿等が使用されている建築物、工作物または船舶の解体等の業務、石綿等の封じ込め、囲い込みの業務
38	除染則2条7項の除染等業務及び同条8項の特定線量下業務
39	足場の組立て、解体または変更の作業に係る業務（地上または堅固な床上における補助作業の業務を除く）
40	高さ2m以上の箇所で作業床を設けることが困難なところでの昇降器具（身体保持器具）を用いて行うロープ高所作業に係る業務
41	高さ2m以上の箇所で作業床を設けることが困難なところでの墜落制止用器具のうち、フルハーネス型のものを用いて行う作業に係る業務（40号に掲げる業務を除く）

○表4 就業制限（免許・技能講習）

巻末資料

表1 作業主任者（免許・技能講習）

表2 定期自主検査

表3 特別教育を必要とする危険有害業務

表4 就業制限（免許・技能講習）

表5 健康診断等

○労働安全衛生法 様式一覧表（抜粋）

令20条号別	就業制限の業務 (法61条)(令20条)		就業が認められる資格（安衛則41条、別表3）	備考
1	発破業務	せん孔、装てん、結線、点火、不発の装薬または残薬の点検および処理の業務	・発破技士免許 ・火薬類取扱保安責任者免状 ・保安技術職員国家試験 甲、乙、丁　上級保安技 甲、乙　　　発破係員 甲、丁　　　坑外保安 甲、乙、丁　坑内保安	
2	揚貨装置運転	制限荷重5トン以上の運転業務（船用デリック、クレーン）	・揚貨装置運転免許	
3	ボイラー取扱（ボ則23条）	ボイラー取扱（令1条4号の小型を除く）	・ボイラー技士免許（特・1・2級）	・伝熱面積の合計500㎡以上特級（貫流のみ除く） ・伝熱面積の合計25～500㎡未満1級以上等作業主任者留意 ・①～④の定義は令20条5号イ～ニ
		ボ則23条 次のいずれかは ①胴内径750mm以下でかつ、その長さが1,300mm以下の蒸気ボイラー ②伝熱面積が3㎡以下の蒸気ボイラー ③伝熱面積が14㎡以下の温水ボイラー ④伝熱面積が30㎡以下の貫流ボイラー（気水分離器を有するものは内径400mm以下かつ内容積0.4㎡以下）	・ボイラー技士免許（特・1・2級） ・ボイラー取扱技能講習	
4	ボイラー・第一種圧力容器、溶接（ボ則9、55条）	溶接の業務（小型ボイラー、小型圧力を除く）	・特別ボイラー溶接士免許	
		ただし ボ則9条 / 55条 イ溶接部の厚さ25mm以下の溶接 ロ管台、フランジ等を取り付ける溶接	・特別ボイラー溶接士免許 ・普通ボイラー溶接士免許	
5	ボイラー・第一種圧力容器、整備（ボ則35、70条）	①ボイラー（小型ボイラーおよび上記3の①～④のボイラーを除く。）②令1条5号の第一種圧力容器 イに該当のもの、内容積5㎡以下 ロ～ニに該当のもの、内容積1㎡以下	・ボイラー整備士免許	
6	クレーン運転（ク22条）	つり上げ荷重5トン以上の運転（こ線テルハを除く）	・床上操作式クレーン運転技能講習（床上操作荷移動方式のクレーン） ・クレーン・デリック運転士免許	
7	移動式クレーン（ク68条）	つり上げ荷重1トン以上の運転	・小型移動式クレーン運転技能講習（つり上げ荷重1トン以上5トン未満の移動式クレーン） ・移動式クレーン運転士免許	
8	デリック（ク108条）	つり上げ荷重5トン以上の運転	クレーン・デリック運転士免許	
9	潜水業務（高圧12条）	潜水器を用い、かつ空気圧縮機もしくは手押ポンプによる送気またはボンベの給気を受けて、水中における業務	・潜水士免許	
10	溶接等業務	可燃性ガスおよび酸素を用いて行う金属の溶接、溶断、加熱の業務	・ガス溶接作業主任者免許 ・ガス溶接技能講習 ・保安技溶接、歯科免許等あり	
11	フォークリフト	最大荷重1トン以上の運転業務（道路走行は道交法適用）	・フォークリフト運転技能講習 ・ほか職訓等あり	
12	建設機械	機体重量3トン以上の運転（道交法適用）・別表7の1号（整地、運搬、積込機）①ブルドーザー ②モーターグレーダー ③トラクターショベル ④ずり積機 ⑤スクレーパー ⑥スクレープドーザー ・別表7の2号（掘削機）①パワーショベル ②ドラグショベル ③ドラグライン ④クラムシェル ⑤バケット掘削機 ⑥トレンチャー	・車両系建設機械（整地、運搬、積込、掘削用）運転技能講習 ・その他、建設業法「建設機械施工技術検定」職訓等あり	昭53.1.1前の規則による講習修了証は、新安衛則81条による、修了証とみなされる。
		・別表7の3号（基礎工事機）①くい打機 ②くい抜機 ③アースドリル ④リバースサーキュレーションドリル ⑤せん孔機 ⑥アースオーガー ⑦ペーパードレーンマシン	・車両系建設機械（基礎工事用）運転技能講習 ・その他上欄と同じ	
		・別表7の6号（解体用機械）①ブレーカー ②鉄骨切断機 ③コンクリート圧砕機 ④解体用つかみ機	・車両系建設機械（解体用）運転技能講習 ・その他上欄と同じ	
13	ショベルローダーフォークローダー	最大荷重1トン以上の運転（道路走行は道交法適用）	・ショベルローダー等運転技能講習 ・ほか職訓等あり	
14	不整地運搬車	最大積載量1トン以上の運転（道路走行は道交法適用）	・不整地運搬車運転技能講習 ・ほか職訓等あり	
15	高所作業車	作業床の高さ10m以上の運転（道路走行は道交法適用）	・高所作業車運転技能講習	
16	玉掛	1トン以上の揚貨装置、つり上げ荷重1トン以上のクレーン、移動式クレーン、デリックの玉掛業務	・玉掛技能講習 （注）揚貨、クレーン、移動式クレーン、デリック運転免許等 ・ほか職訓等あり	（注）昭53・10・1以降の資格者は認められない。

○表5　健康診断等

No.	法・則根拠	名称			対象の概要	実施時期	記録 個人票	記録 保存年数	結果報告 対象	結果報告 様式	結果報告 期日
1	法　66 安衛則43	一般健康診断		雇入時の健康診断	業種、規模を問わず、すべての常時使用する労働者を対象に、雇入時に実施	雇入れの直前または直後	様式5号(1)(51条)	5年(51条)	－	－	－
2	法　66 安衛則44			定期健康診断	業種、規模を問わず、すべての常時使用する労働者	年1回定期	様式5号(2)(51条)	5年(51条)	規模50人以上の事業場	安衛則様式6号	実施後遅滞なく
3	法　66 安衛則45			特定業務従事者の健康診断	則13条1項2号のイ～カの衛生上有害な業務に従事する労働者	配置替時6カ月1回定期					
4	法　66 安衛則45の2			海外派遣労働者の健康診断	海外に6カ月以上派遣する（派遣した）労働者	帰国前帰国後	様式5(3)(51条)	5年(51条)	－	－	－
5	法　66 安衛則47			給食従業員の検便	事業に附属する食堂または炊事場における給食の業務に従事する労働者	雇入時配置替時	雇入時様式5(1)その他様式5(2)(51条)	5年(51条)	－	－	－
6	法　66 安衛則48			歯科医師による健康診断	塩酸、硝酸、硫酸、亜硫酸、弗化水素、黄りん等のガス、蒸気または粉じんを発散する場所における業務に従事する労働者	雇入時配置替時6カ月1回定期			定期健診実施分規模50人以上の事業場	安衛則様式6号	実施後遅滞なく
7	法66の2 安衛則50の2			自発的健康診断	6カ月平均で、1カ月当たり4回以上深夜業に従事する労働者	労働者の自主的判断	様式5(2)(51条)	5年(51条)	－	－	－
8	法66条の8 安衛則52条の2～52条の8	面接指導			所定外労働時間が月100時間を超え、疲労の蓄積が認められる労働者	労働者の申出後遅滞なく	－	5年(52条の6)	－	－	－
9	法　66 特化則39①	特定化学物質健康診断	従事者		令22条1項3号の業務（別表第3第1号、第2号）に従事する者で、特化則別表第3の区分に応じ、特別の検査、健診を実施（2次健診別表第4）	雇入時配置替時6カ月（一定の項目は、1年）1回定期	特化則様式2号	特別管理物質30年その他5年	該当事業場（定期の分）	特化則様式3号	実施後遅滞なく
	特化則39②		過去の従事者		令22条2項の業務に従事させたことのある者（検査、健診項目上記と同じ）						
	特化則42		緊急時		特定化学物質等が漏えいして、汚染または吸入したとき	その都度遅滞なく	－	－	－	－	－
10	法　66 鉛則53	特殊健康診断	鉛健康診断		令22条1項4号の業務（別表第4）に従事する者 注）はんだ付け、施釉等業務、絵付等業務　印刷の業務およびこれらの清掃の業務	雇入時配置替時6カ月1回定期 左記の注）は1年1回定期	鉛則様式2号	5年	該当事業場（定期の分）	鉛則様式3号	実施後遅滞なく
	鉛則56				腹部疝痛等病状を訴えたとき（従事者および従事させなくなってから4週間以内の者）	その都度速やかに	－	－	－	－	－
11	法　66 電離則56		電離放射線健康診断		令22条1項2号の業務（別表第2）に従事する者	雇入時配置替時6カ月1回定期	電離則様式1号	30年	該当事業場（定期の分）	電離則様式2号	実施後遅滞なく
12	法　66 高圧則38		高気圧業務健康診断		令6条1号（高圧室内作業）令20条9号（潜水業務）に従事する者	雇入時配置替時6カ月1回定期	高圧則様式1号	5年	同上	高圧則様式2号	同上
13	法　66 四鉛則22		四アルキル鉛健康診断		令22条1項5号（別表第5）の業務に従事する者	雇入時配置替時6カ月1回定期	四鉛則様式2号	5年	同上	四鉛則様式3号	同上
14	法　66 有機則29		有機溶剤等健康診断		令22条1項6号（別表第6の2）の業務に従事する者	雇入時配置替時6カ月1回定期	有機則様式3号	5年	同上	有機則様式3号の2	同上
15	法　66 石綿則40		石綿健康診断		令22条1項3号の業務に従事する者	同上	石綿則様式2号	40年	同上	石綿則様式3号	同上

巻末資料

表1　作業主任者（免許・技能講習）

表2　定期自主検査

表3　特別教育を必要とする危険有害業務

表4　就業制限（免許・技能講習）

表5　健康診断等

様式一覧表

○労働安全衛生法（抜粋）

79

○労働安全衛生法様式一覧表（抜粋）

様式（号）	様式名	提出期限	法	令	則
3	総括安全衛生管理者選任報告	遅滞なく	10	2	2
	総括安全衛生管理者代理者選任				3
3	安全管理者選任報告（増員、解任命令）	遅滞なく	11	3	4
	安全管理者代理者選任				4②（3準用）
3	衛生管理者選任報告（増員、解任命令）	遅滞なく	12	4	7（免許（写）添付）
○	衛生管理者特例許可申請				8
	衛生管理者代理者選任				7②（3準用）
3	産業医選任報告	遅滞なく	13	5	13（免許（写）添付）
○	産業医選任特例許可申請				13③（8準用）
5（1）	健康診断個人票（雇入時）		66	－	43.51.電57（様1）
5（2）	一般健康診断個人票		66		44.45.51.電57（様1）
5（3）	海外派遣労働者健康診断個人票		66		45の2.51
6	健康診断結果報告	遅滞なく	100	－	52
6の2	ストレス検査結果等報告書	遅滞なく	100	－	電58（様2）等 52の21
20	建設物、機械等設置・移転・変更届	30日前	88	24	85.86.88. 別表7
22	事故報告書	遅滞なく	100	－	96.電43
23	労働者死傷病報告	遅滞なく	100	－	97
24	〃	4半期翌月末	100		97

法：労働安全衛生法

令：労働安全衛生法施行令

則欄の無印：労働安全衛生規則（昭47労働省令第32号）

電：電離放射線障害防止規則（昭47労働省令第41号）

様：様式

巻末資料

表1 作業主任者（免許・技能講習）

表2 定期自主検査

表3 特別教育を必要とする危険有害業務

表4 就業制限（免許・技能講習）

表5 健康診断等

○労働安全衛生法様式一覧表（抜粋）

資料1　リスクアセスメント

1　リスクアセスメントとは

「安全管理者を選任しなければならない業種及び危険有害な化学物質を取り扱う全業種の事業者」は、設備を新設するときなどに労働災害発生のおそれのある危険性又は有害性を調査し、その結果に基づいて、これを除去・低減する措置を講ずるように努めなければなりません（安衛法第28条の2、安衛則第24条の11）。なお、安衛法第57条の2の通知対象物現行674物質（安衛令別表第3第1号及び同別表第9）を取り扱う場合は、その化学物質についてリスクアセスメントの実施が義務となります。（法第57条の3）

リスクアセスメントとは、作業における危険性又は有害性を特定し、特定された危険性又は有害性によって生ずるおそれのある負傷又は疾病の重篤度（被災の程度）とその災害が発生する可能性の度合いを組み合わせてリスクを見積り、そのリスクの大きさに基づいて対策の優先度を決めた上で、リスクの除去又は低減の措置を検討することです。この結果に基づき労働災害防止対策を講じ、その結果を記録します。リスクアセスメントによって検討された措置は、安全衛生計画に盛り込み、計画的に実施する必要があります。

リスクアセスメント及び結果に基づく措置の手順

①危険性又は有害性の特定（＝ハザードの把握）→②リスクの見積り→③リスク低減のための優先度の設定→④リスク低減措置の実施→⑤記録→⑥残留リスク対策
という手順でリスクを低減していきます。

2　リスクアセスメントの目的と効果

① **リスクアセスメントの目的**

職場全体が参加して、職場にある危険の芽（リスク）とそれに対する対策の実情を知って、災害に至るリスクを許容できるレベルまで低減し、残留リスク対策（作業標準、マニュアル整備、教育、保護具の使用等）を講じます。

② **リスクアセスメントの効果**

1. 職場のリスクが明確になります。
2. 職場のリスクに対する認識を管理者を含め、職場全体で共有できます。
3. 労働災害防止対策について、合理的な方法で優先順位を決めることができます。
4. 残されたリスクについて「守るべき決め事」の理由が明確になります。
5. 職場全員が参加することにより「危険」に対する感受性が高まります。

また、リスクアセスメントの導入方法を理解することで、他部門（営業部門や事務部門）でも活用が可能となり、会社のリスクを最小限に抑えることが可能となります。

リスクアセスメントの法的位置付け

　労働安全衛生法第28条の2の規定により、製造業、建設業等（安全管理者選任対象業種）※ では、リスクアセスメントの実施に努めなければなりません。

　なお、化学物質等で労働者の危険又は健康障害を生ずるおそれのある物に係る調査は全ての事業場が対象です。

※　林業、鉱業、建設業、運送業、清掃業、製造業（物の加工業含む。）、電気業、ガス業、熱供給業、水道業、通信業、各種商品卸売業、家具・建具・じゅう器等卸売業、各種商品小売業、家具・建具・じゅう器小売業、燃料小売業、旅館業、ゴルフ場業、自動車整備業、機械修理業

3　リスクアセスメント導入の実施手順

①　労働災害（健康障害を含む。）が発生するしくみ

　労働災害は、「不安全な状態によるリスク」と「不安全な行動のリスク」が重なった場合にそのリスクレベルに応じた確率で発生します。機械設備は故障し、人はミスをすることから如何にリスク対策を講じてもリスクをゼロにすることはできませんが、物と人の両面からリスクアセスメントを行って必要な改善措置を続けることにより災害発生確率を低減できます。

労働災害発生の仕組み

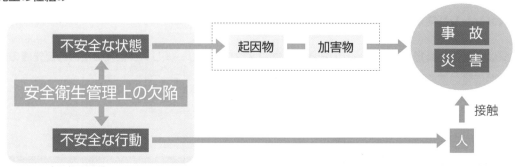

●リスクアセスメント及びその結果に基づく措置の手順

　リスクアセスメントには機械設備のメーカーが実施するリスクアセスメントと、使用者側が実施するリスクアセスメントがありますが、使用者側が実施するリスクアセスメントの一般的な手順は次のとおりです。

　1　作業工程の調査　　　　　　　　4　リスクの評価
　2　危険性又は有害性の特定　　　　5　対策案の検討と対策後のリスクの想定
　3　リスクのレベルの算定　　　　　6　対策の実施と対策後のリスクアセスメント

●作業工程の調査

　リスクアセスメントの対象とする作業工程を決め、その作業について日常作業、非定常作業、異常時の作業ごとに実態を詳細に調査分析します。安全面のリスクアセスメントと健康衛生面のリスクアセスメントを別々に実施するほうが分かりやすい。また、作業者の本音を導き出すことが重要なので作業者と評価者の信頼関係が大切です。

ステップ1　危険性又は有害性の特定

　作業標準等に基づき、労働者の就業に係る危険性又は有害性を特定（発見）するために必要な単位で作業を洗い出した上で、各事業場における機械設備、作業等に応じてあらかじめ定めた危険性又は有害性の分類に則して、各作業における危険性又は有害性を特定します。危険性又は有害性の特定に当たり、労働者の疲労等の危険性又は有害性への付加的影響を考慮します。危険性又は有害性の特定はリスクアセスメントの最大のポイントです。以下の観点から特定することが一般的ですが、これらを参考にして自社の事業場のチェックリストを作ります。過去の災害事例や、**危険有害要因の例**等を参考に現時点で出来るだけ、危険有害要因をリストアップします。また、設備の新設、変更等の職場環境の変化があれば、繰り返し実施することが大切です。

危険性又は有害性の分類の例

① 危険性

- ●機械等による危険性
- ●爆発性の物、発火性の物、引火性の物、腐食性の物等による危険性
- ●電気、熱その他のエネルギーによる危険性
- ●作業方法から生ずる危険性
- ●作業場所に係る危険性
- ●作業行動等から生ずる危険性
- ●その他の危険性

② 有害性

- ●原材料、ガス、蒸気、粉じん等による有害性
- ●放射線、高温、低温、超音波、騒音、振動、異常気圧等による有害性
- ●作業行動等から生ずる有害性
- ●その他の有害性

（参考）リスクの見積もりに当たっての留意事項

ア　予想される負傷又は疾病の対象者及び内容を明確に予測すること。

イ　過去に実際に発生した負傷又は疾病の重篤度ではなく、最悪の状況を想定した最も重篤な負傷又は疾病の重篤度を見積もること。

ウ　**負傷又は疾病の重篤度は、**負傷や疾病等の種類にかかわらず、共通の尺度を使うことが望ましいことから、**基本的に、負傷又は疾病による休業日数等を尺度として使用すること。**

エ　有害性が立証されていない場合でも、一定の根拠がある場合は、その根拠に基づき、有害性が存在すると仮定して見積もること。

ステップ2　リスクを受ける可能性のある人の特定

　役員、管理者、事務員、作業者、若年労働者、中高年齢労働者、身体の不自由な人、その他労働災害防止上、就業に当たって特に配慮を必要とする者、来訪者、清掃員、ビルメンテナンス業者、運送業者にも考慮します。

ステップ3 　リスクレベルの見積り・評価

　見積り方法にはいくつかの方法がありますが、なるべく簡素な方法で事業場の作業に合う方法を選びます。例えば、**被害の大きさ**、**危険有害要因への接近頻度**、**災害発生の確率**は前もって定義しておくことが必要です。

　個々のリスクレベルに対して許容できるリスクレベルかどうかを評価します。

　許容できるリスクレベルは社会環境や、企業の安全文化によって異なるものです。その企業が置かれている社会環境や社内風土で受け入れられるかどうかという意味です。そのような意味で、企業の経営理念とともに社会的要求、現在の安全技術レベル等に基づき**許容できるレベルの明確な設定が必要**になります。

　リスクレベルが許容できるリスクレベル以上であれば対策案の検討に進みます。なお、許容できるリスクレベル以下であっても必要に応じてリスク低減措置を実施する必要があります。

ステップ4 　対策の実施と対策後のリスクアセスメント

対策案の検討　　対策には次に述べる優先順で実施します。

1　法令に定められた事項の実施（労働安全衛生法関係法令、指針等）

2　設計や計画の段階における措置の実行（危険な作業の廃止・変更、危険性や有害性の低い材料への代替、より安全な施工方法への変更等）

3　工学的対策（囲い、安全装置、設備の改善等）

4　管理的対策（安全な作業方法への変更、立入り禁止措置、マニュアルの整備、教育訓練等）

5　個人用保護具の使用等（1から4までの対策を講じた場合でも、除去・低減しきれないものに限ります）

※残留リスクへの対応

　対策を実施後に、対策内容を検証するため再度リスクアセスメントを実施します。

　対策の結果、許容できるレベル以下であるかを検証しましょう。

　なお、低減されるリスクの効果に比較して必要な費用等が大幅に大きいなど、両者に著しい不均衡を発生させる場合であっても死亡や重篤な後遺障害をもたらす可能性が高い場合等大きなリスクが残留してしまう場合には措置を実施する必要があります。

　リスク低減措置を講じても**許容できるレベル以下になっていない場合**には、再度リスク低減措置を講じた後にリスクの見積りと評価を行い、許容できるリスクレベル以下になるまでリスク低減対策を行います。残留リスクの内容を労働者に周知するとともに、必要に応じ個人用保護具の使用やマニュアルの整備等の管理的対策を実施します。

資料2　建築物・工作物・船舶の解体・改修工事における石綿対策の規制の強化と事前調査結果の報告の義務化

　石綿は1970年代から1990年代にかけて、耐熱性等の優れた特性を持っていることから資材として大量に輸入されましたが、空中に飛散した石綿を吸入すると、肺がんや中皮腫等を発症することから、2006年（平成18年）9月から、輸入、製造、使用などが禁止されました。

　しかしながら、それ以前に着工された建築物・工作物・船舶には石綿が使用された可能性が高く、その解体・改修等の工事が増加し、2020年代後半にピークを迎えることが予想されています。このため、飛散した石綿の粉じんの吸入により、疾病を発症するおそれがあることから、適切な対策の実施が必要となっています。

1　工事開始前の石綿の有無の調査、調査結果の報告等

①工事開始前の石綿の有無の調査（事前調査）

　施工業者は、建築物・工作物等の解体・改修工事を行う際には、工事の規模、請負金額にかかわらず、事前に法令に基づく石綿（アスベスト）の使用の有無の調査（事前調査）を行う義務があります。

　適切に事前調査（建築物に係るものに限る）を行うために、建築物石綿含有建材調査者等が行う必要があります（令和5年10月1日施行）。

②事前調査結果の報告

　事前調査は原則全ての工事が対象です。一定規模以上の工事は、あらかじめ、施工業者（元請事業者）が労働基準監督署と自治体（自治体への報告は大気汚染防止去に基づくもの）に対して、事前調査結果の報告を行う必要があります。

　以下に該当する工事は報告が必要です。（石綿が無い場合も報告が必要です。）

工事の対象	工事の種類	報告対象となる範囲
全ての建築物 （建築物に設ける建築設備を含む）	解体	解体部分の床面積の合計が80m²以上
	改修（※1）	請負金額が税込100万円以上
特定の工作物（※3）	解体・改修（※2）	請負金額が税込100万円以上

※1　建築物の改修工事とは、建築物に現存する材料に何らかの変更を加える工事であって、建築物の解体工事以外のものをいい、リフォーム、修繕、各種設備工事、塗装や外壁補修等であって既存の躯体の一部の除去・切断・破砕・研磨・穿孔（穴開け）等を伴うものを含みます。
※2　定期改修や、法令等に基づく開放検査等を行う際に補修や部品交換等を行う場合を含みます。
※3　報告対象となる工作物は以下のものです。（なお、事前調査自体は以下に限らず全て必要です。）
　　・反応槽、加熱炉、ボイラー、圧力容器、煙突（建築物に設ける排煙設備等の建築設備を除く）
　　・配管設備（建築物に設ける給水・排水・換気・暖房・冷房・排煙設備等の建築設備を除く）
　　・焼却設備、貯蔵設備（穀物を貯蔵するための設備を除く）
　　・発電設備（太陽光発電設備・風力発電設備を除く）、変電設備、配電設備、送電設備（ケーブルを含む）
　　・トンネルの天井板、遮音壁、軽量盛土保護パネル
　　・プラットホームの上家、鉄道の駅の地下式構造部分の壁・天井板

①解体・改修工事の事前措置と作業時の措置

事前調査の結果、石綿有りの場合（または有りとみなす場合）は、法令に基づく措置が必要となります。適正な石綿飛散防止・ばく露防止措置を行う上で、石綿の有無を判断する事前調査は大変重要です。

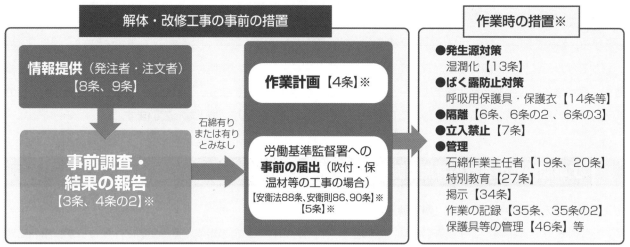

特に記載のあるものを除き、条文は石綿障害予防規則を表します。　　※は罰則規定のあるもの

②石綿含有建材を扱う作業における工事開始後における主な規制内容

主な規制内容 \ 作業の種類	吹付石綿、保温材等の除去材等	けい酸カルシウム板第1種の破砕等	仕上塗材の電動工具による除去	スレート板等の成形品の除去
事前調査結果の作業場への備え付け、掲示	●	●	●	●
石綿作業主任者の選任・職務実施	●	●	●	●
作業者に対する特別教育の実施	●	●	●	●
作業場所の隔離	●	●		
隔離空間の負圧維持・点検・解除前の除去完了確認	●			
作業時に建材を湿潤な状態にする	●	●	●	●
マスク、保護衣等の使用	●	●	●	●
関係者以外の立入禁止・表示	●	●	●	●
石綿作業場であることの掲示	●	●	●	●
作業者ごとの作業の記録・40年保存	●	●	●	●
作業実施状況の写真等による記録・3年保存	●	●	●	●
作業者に対する石綿健康診断の実施	●	●	●	●

資料出所：（厚生労働省）
　　　　　リーフレット「石綿の有無の事前調査結果の報告が施工業者（元請事業者）の義務になります！」
　　　　　　　　　　　「建築物・工作物・船舶の解体工事、リフォーム・修繕などの改修工事に対する石綿対策の
　　　　　　　　　　　規制が強化されています（解体改修工事の受注者（解体改修工事実施者）の皆さま）」
　　　　　【参考】（厚生労働省）石綿総合情報ポータルサイト　https://www.ishiwata.mhlw.go.jp/

資料3　危険有害な作業を行う事業者に、一人親方等に対する一定の保護措置の義務付け

　労働安全衛生法第22条に関して規定されている11省令を改正し、**作業を請け負わせる一人親方等や同じ場所で作業を行う労働者以外の人**に対しても、労働者と同等の保護が図られるよう、新たに一定の措置を講ずることが事業者に義務づけられます（令和5年4月1日施行）。

＊労働安全衛生法第22条に係る11省令とは

・労働安全衛生規則　・有機溶剤中毒予防規則　・鉛中毒予防規則　・四アルキル鉛中毒予防規則

・特定化学物質障害予防規則　・高気圧作業安全衛生規則　・電離放射線障害防止規則

・酸素欠乏症等防止規則　・粉じん障害防止規則　・石綿障害予防規則

・東日本大震災により生じた放射線物質により汚染された土壌等を除染するための業務等に係る
　電離放射線障害防止規則

＊＊改正の背景

「建設アスベスト訴訟」の最高裁判決（令和3年5月）において、

①　掲示義務規定が作業場所の危険性に着目した規定であり、労働者のみでなく、そこで作業する労働者以外の者も保護する趣旨と解することが相当であること

②　警告表示（掲示）の内容は、より具体的に記載することを義務付けるべきであったこと

を踏まえての改正であり、さらに、同判決において、労働安全衛生法第22条の解釈として、その保護対象は労働者以外にも及ぶとされたことから、省令改正となったものです。

法令改正の主な内容

1　作業を請け負わせる一人親方等に対する措置の義務化

　作業の一部を請け負わせる場合は、請負人（一人親方、下請業者）に対しても、**以下の措置の実施が義務付けられます。**

●請負人だけが作業を行うときも、事業者が設置した局所排気装置等の**設備を稼働させる**
　（または請負人に設備の使用を許可する）等の配慮を行うこと
●特定の作業方法で行うことが義務付けられている作業については、
　請負人に対してもその作業方法を周知すること
●労働者に保護具を使用させる義務がある作業については、
　請負人に対しても保護具を使用する必要がある旨を周知すること

2　同じ作業場所にいる労働者以外の人に対する措置の義務化

同じ作業場所にいる労働者以外の人（一人親方や他社の労働者、資材搬入業者、警備員など、契約関係は問わない）

に対しても、**以下の措置の実施が義務付けられます。**

●労働者に保護具を使用させる義務がある作業場所については、

　その場所にいる労働者以外の人に対しても保護具を使用する必要がある旨を周知すること

●労働者を立入禁止や喫煙・飲食禁止にする場所について、

　その場所にいる労働者以外の人も立入禁止や喫煙・飲食禁止とすること

●作業に関する事故等が発生し労働者を退避させる必要があるときは、

　同じ作業場所にいる労働者以外の人も退避させること

●化学物質の有害性等を労働者が見やすいように掲示する義務がある作業場所について、

　その場所にいる労働者以外の人も見やすい箇所に掲示すること

注意すべき事項

重層請負の場合の措置義務者

　事業者の請負人に対する配慮義務や周知義務は、請負契約の相手方に対する義務です。

　三次下請まで作業に従事する場合は、一次下請は二次下請に対する義務を負い、三次下請に対する義務はありません。二次下請が三次下請に対する義務を負います。

※青の矢印が新たに生じる措置義務

　労働安全衛生法第29条第1項で、関係請負人が法やそれに基づく命令（今回改正の11省令を含む）の規定に違反していると認めるときは、必要な指示を行わなければならないとされています。

　今回の改正で義務付けられた措置を関係請負人が行っていない場合は、「必要な指示」を行わなければなりません。

配慮義務の意味

　配慮義務は、配慮すれば結果が伴わなくてもよいということではありません。

　何らかの手段で、労働者と同等の保護が図られるよう便宜を図る等の義務が事業者に課されます。

請負人等が講ずべき措置

　事業者から必要な措置を周知された請負人等自身が、確実にこの措置を実施することが重要です。

　また、一人親方が家族従事者を使用するときは、家族従事者に対してもこの措置を行うことが重要です。

　労働者以外の人も立入禁止や喫煙・飲食禁止を遵守しなければなりません。

資料出所：（厚生労働省）
　　　　　ホームページ　一人親方等の安全衛生対策について
　　　　　リーフレット「2023年4月1日から　危険な作業を行う事業者は「1 作業を請け負わせる一人親方等」「2 同じ場所で作業を行う労働者以外の人」に対して一定の保護措置が義務付けられます」

資料４　労働安全衛生法の新たな化学物質規制

　国内で輸入、製造、使用されている化学物質は数万種類にのぼり、その中には、危険性や有害性が不明な物質が多く含まれます。化学物質を原因とする労働災害（がん等の遅発性疾病を除く。）は年間450件程度で推移しており、がん等の遅発性疾病も後を絶ちません。

　これらを踏まえ、新たな化学物質規制の制度（下図）が導入されました。

[現行の化学物質規制の仕組み（特化則等による個別具体的規則を中心とする規則）]

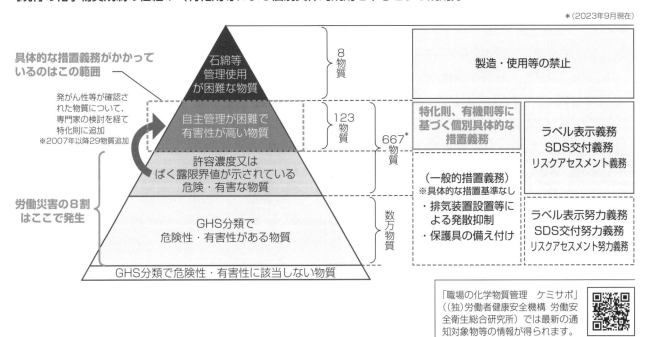

「職場の化学物質管理　ケミサポ」
（（独）労働者健康安全機構 労働安全衛生総合研究所）では最新の通知対象物等の情報が得られます。

[見直し後の化学物質規制（自律的な管理を基軸とする規制）]

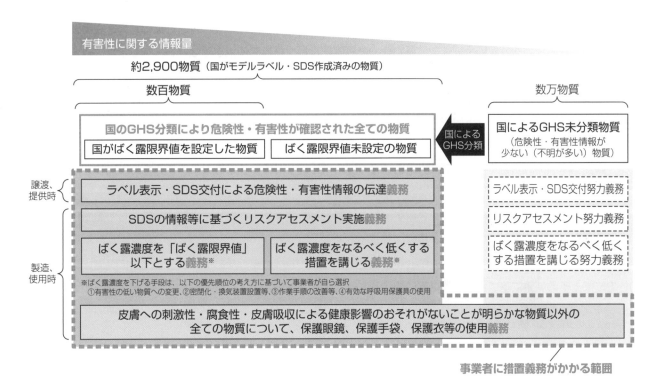

1　化学物質管理体系の見直し

① **ラベル表示・SDS等による通知の義務対象物質の追加**

　国によるGHS分類の結果、発がん性、生殖細胞変異原性、生殖毒性、急性毒性のカテゴリーで区分１に分類された234物質がラベル表示等の義務対象に追加されました。

② **リスクアセスメント対象物に関する事業者の義務**

ア　労働者がリスクアセスメント対象物にばく露される濃度の低減措置

（ア）労働者がリスクアセスメント対象物にばく露される程度を、以下の方法等で最小限度にしなければなりません。

　　i　代替物等を使用する

　　ii　発散源を密閉する設備、局所排気装置または全体換気装置を設置し、稼働する

　　iii　作業の方法を改善する

　　iv　有効な呼吸用保護具を使用する

（イ）リスクアセスメント対象物のうち、一定程度のばく露に抑えることで労働者に健康障害を生ずるおそれがない物質として厚生労働大臣が定める物質（濃度基準値設定物質）（補足参照（96ページ））は、屋内作業場で労働者がばく露される程度を、厚生労働大臣が定める濃度の基準（濃度基準値）以下としなければなりません。

イ　低減措置と労働者のばく露状況についての労働者の意見聴取等

　②アに基づく措置の内容と労働者のばく露の状況を、労働者の意見を聴く機会を設け、記録を作成し、３年間保存しなければなりません。

　ただし、がん原性のある物質として厚生労働大臣が定めるもの（がん原性物質）は30年間保存です。

※　リスクアセスメント対象物のうち、国が行うGHS分類の結果、発がん性区分１に該当する物質（エタノール及び特別管理物質を除く）。なお、当該物質を臨時に取り扱う場合は除く。

ウ　リスクアセスメント対象物以外の物質にばく露される濃度を最小限とする努力義務

　リスクアセスメント対象物以外の物質も、労働者がばく露される程度を、②（ア）i〜ivの方法等で、最小限度にするように努めなければなりません。

③ **皮膚等障害化学物質等への直接接触の防止**

　皮膚・眼刺激性、皮膚腐食性または皮膚から吸収され健康障害を引き起こしうる化学物質と当該物質を含有する製剤を製造し、または取り扱う業務に労働者を従事させる場合には、その物質の有害性に応じて、労働者に保護眼鏡、不浸透性の保護衣、保護手袋または履物等の障害等防止用保護具を使用させなければなりません。

④ **衛生委員会の付議事項の追加**

　衛生委員会の付議事項に、リスクアセスメント対象物の事業者の義務に関する以下ア〜エの事項を追加し、化学物質の自律的な管理の実施状況の調査審議を行うことを義務付けます※。

ア　労働者が化学物質にばく露される程度を最小限度にするために講ずる措置に関すること

イ　濃度基準値の設定物質について、労働者がばく露される程度を濃度基準値以下とするために講ずる措置に関すること

ウ　リスクアセスメントの結果に基づき事業者が自ら選択して講ずるばく露防止措置の一環として実施した健康診断の結果とその結果に基づき講ずる措置に関すること

エ　濃度基準値設定物質について、労働者が濃度基準値を超えてばく露したおそれがあるときに実施した健康診断の結果とその結果に基づき講ずる措置に関すること

※　衛生委員会の設置義務のない労働者数50人未満の事業場も、労働安全衛生規則（安衛則）第23条の2に基づき、上記の事項について、関係労働者からの意見聴取の機会を設けなければなりません。

⑤ **がん等の遅発性疾病の把握強化**

化学物質を製造し、または取り扱う同一事業場で、1年以内に複数の労働者が同種のがんに罹患したことを把握したときは、その罹患が業務に起因する可能性について医師の意見を聴かなければなりません。

また、医師がその罹患が業務に起因するものと疑われると判断した場合は、遅滞なく、その労働者の従事業務の内容等を、所轄都道府県労働局長に報告しなければなりません。

⑥ **リスクアセスメント結果等に関する記録の作成と保存**

リスクアセスメントの結果と、その結果に基づき事業者が講ずる労働者の健康障害を防止するための措置の内容等は、関係労働者に周知するとともに、記録を作成し、次のリスクアセスメント実施までの期間（ただし、最低3年間）保存しなければなりません。

⑦ **労働災害発生事業等への労働基準監督署長による指示**

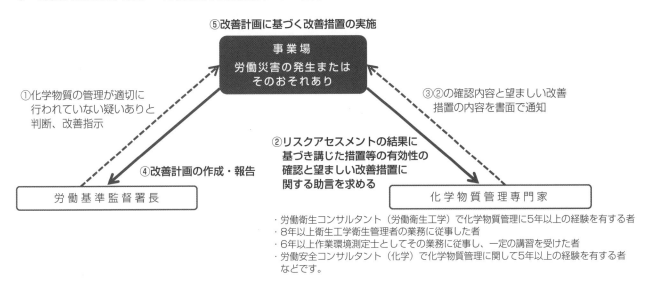

⑧ **リスクアセスメント対象物に関する事業者の義務（健康診断等）**

ア 安衛法第66条の規定に基づく健康診断に加え、リスクアセスメントの結果に基づいて講ずるばく露防止措置の一環として、該当物質による健康影響の確認のため、関係労働者の意見を聴き、必要があると認める項目について、健康診断を行わなければならない。

イ 濃度基準値設定物質については、基準値を超えてばく露したおそれがある場合は、医師による健康診断を行わなければならない。

ウ アまたはイの健康診断の記録を作成し、5年間（がん原性物質に関しては30年間）保存しなければならない。

(詳細は、資料8　リスクアセスメント対象物健康診断を参照)

2　実施体制の確立

① **化学物質管理者の選任の義務化**

ア 選任が必要な事業場

リスクアセスメント対象物を製造、取扱い、または譲渡提供をする事業場（業種・規模要件なし）

・個別の作業現場毎ではなく、工場、店社、営業所等事業場ごとに化学物質管理者を選任します。

・一般消費者の生活の用に供される製品のみを取り扱う事業場は、対象外です。

・事業場の状況に応じ、複数名の選任も可能です。

イ　選任要件

化学物質の管理に関わる業務を適切に実施できる能力を有する者

リスクアセスメント対象物の製造事業場	専門的講習の修了者	専門講習の概要 ・化学物質の危険性及び有害性 ・化学物質の危険性又は有害性等の調査 ・調査の結果に基づく措置等の9時間の講義と3時間の実習
リスクアセスメント対象物の製造事業場以外の事業場	資格要件なし（専門的講習等の受講を推奨）	

ウ　職務

・ラベル・SDS等の確認

・化学物質に関わるリスクアセスメントの実施管理

・リスクアセスメント結果に基づくばく露防止措置の選択、実施の管理

・化学物質の自律的な管理に関わる各種記録の作成・保存

・化学物質の自律的な管理に関わる労働者への周知、教育

・ラベル・SDSの作成（リスクアセスメント対象物の製造事業場の場合）

・リスクアセスメント対象物による労働災害が発生した場合の対応

② **保護具着用管理責任者の選任の義務化**

ア　選任が必要な事業場

リスクアセスメントに基づく措置として労働者に保護具を使用させる事業場

イ　選任要件

保護具について一定の経験及び知識を有する者（令和4年5月31日付け基発0531第9号通達のとおり）

ウ　職務

有効な保護具の選択、労働者の使用状況の管理その他保護具の管理に関わる業務

③ **雇い入れ時等教育の拡充**

雇入時等の教育のうち、特定の業種では一部教育項目の省略が認められていましたが、この省略規定を廃止します。危険性・有害性のある化学物質を製造し、または取り扱う全ての事業場で、化学物質の安全衛生に関する必要な教育を行わなければなりません。

④ **職長等に対する安全衛生教育が必要となる業種の拡大**

対象業種に以下の業種が追加されます。

・食料品製造業

食料品製造業のうち、うま味調味料製造業と動植物油脂製造業は、すでに職長教育の対象です。

・新聞業、出版業、製本業、印刷物加工業

3　情報伝達の強化

① **SDS等による通知方法の柔軟化**

SDS情報の通知手段は、譲渡提供をする相手方がその通知を容易に確認できる方法であれば、事前に相手方の承諾を得なくても採用できます。

この改正は、通知方法の柔軟化を行うものなので、従来の方法のままでも問題ありません。

② SDS等の「人体に及ぼす作用」の定期確認と更新

5年以内ごとに1回、記載内容の変更の要否を確認

変更があるときは、確認後1年以内に更新

変更をしたときは、SDS通知先に対し、変更内容を通知

③ SDS等による通知事項の追加と含有量表示の適正化

　　SDSの通知事項に新たに「（譲渡提供時に）想定される用途及び当該用途における使用上の注意」が追加されます。

　※SDSの記載に当たっては、想定される用途（推奨用途）での使用において吸入又は皮膚や眼との接触を保護具で防止する

　　ことを想定した場合に必要とされる保護具の種類を必ず記載してください。

　　SDSの通知事項である、成分の含有量の記載について、従来の10%刻みでの記載方法を改め、重量パーセント

の記載が必要となります。

④ 化学物質を事業場内で別容器等で保管する際の措置の強化

　　安衛法第57条で譲渡・提供時のラベル表示が義務付けられている化学物質（ラベル表示対象物）について、譲

渡・提供時以外も、以下の場合はラベル表示・文書の交付その他の方法で、内容物の名称やその危険性・有害性情

報を伝達しなければなりません。

・ラベル表示対象物を、他の容器に移し替えて保管する場合

・自ら製造したラベル表示対象物を、容器に入れて保管する場合

⑤ 注文者が必要な措置を講じなければならない設備の範囲の拡大

　　安衛法第31条の2の規定で、化学物質の製造・取扱設備の改造、修理、清掃等の仕事を外注する注文者は、請

負人の労働者の労働災害を防止するため、化学物質の危険性と有害性、作業において注意すべき事項、安全確保措

置等を記載した文書を交付しなければならないとされています。

　　この措置の対象となる設備の範囲が広がり、化学設備、特定化学設備に加えて、SDS等による通知の義務対象

物の製造・取扱設備も対象となります。

4 化学物質管理の水準が一定以上の事業場の個別規制の適用除外

　　化学物質管理の水準が一定以上であると所轄都道府県労働局長が認定した事業場は、専属の化学物質管理専門家の

配置等の条件を満たすことによりその認定に関する特別規則（特定化学物質障害予防規則等）について個別規制の適

用を除外し、特別規則の適用物質の管理を、事業者による自律的な管理（リスクアセスメントに基づく管理）に委ね

ることができます。

（注1）対象となる化学物質は、作業環境測定の対象物質に限ります。

（注2）健康診断、保護具、清掃などに関する規定は、認定を受けた場合でも適用除外となりません。

有機溶剤、特定化学物質（特別管理物質等を除く）、鉛、四アルキル鉛に関する特殊健康診断の実施頻度について、作業環境管理やばく露防止対策等が適切に実施されている場合には、事業者は、その実施頻度（通常は6月以内ごとに1回）を1年以内ごとに1回に緩和できます。

6 作業環境測定結果が第3管理区分の事業場に対する措置の強化

ア　作業環境測定の評価結果が第3管理区分に区分された場合の義務

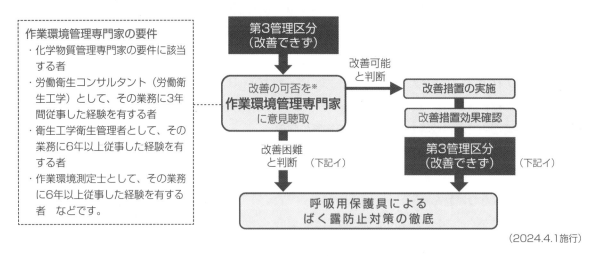

（2024.4.1施行）

イ　第3管理区分で作業環境管理専門家が改善困難と判断した場合と改善後の測定評価の結果が第3管理区分に区分された場合の義務

①　個人サンプリング測定等による化学物質の濃度測定を行い、その結果に応じて労働者に有効な呼吸用保護具を使用させること。

②　①の呼吸用保護具が適切に装着されていることを確認すること。

③　保護具着用管理責任者を選任し、イ①、②及びウ①、②の管理、作業主任者等の職務に対する指導（いずれも呼吸用保護具に関する事項に限る。）等を担当させること。

④　作業環境管理専門家の意見の概要と、改善措置と評価の結果を労働者に周知すること。

⑤　上記措置を講じたときは、遅滞なくこの措置の内容を所轄労働基準監督署に届け出ること。

ウ　上記イの場所の評価結果が改善するまでの間の義務

①　6か月以内ごとに1回、定期に、個人サンプリング測定等による化学物質の濃度測定を行い、その結果に応じて労働者に有効な呼吸用保護具を使用させること。

②　1年以内ごとに1回、定期に、呼吸用保護具が適切に装着されていることを確認すること。

エ　措置が講じられるまでの対応等

①　イ①とウ①で実施した個人サンプリング測定等による測定結果、測定結果の評価結果を保存すること（粉じんは7年間、クロム酸等は30年間）。

②　イ②とウ②で実施した呼吸用保護具の装着確認結果を3年間保存すること。

【新たな化学物質規制項目の施行期日】

	規制項目	2022(R4).5.31(公布日)	2023(R5).4.1	2024(R6).4.1
1. 化学物質管理体系の見直し	ラベル表示・通知をしなければならない化学物質の追加			●
	ばく露を最小限度にすること （ばく露を濃度基準値以下にすること）		●	●
	ばく露低減措置等の意見聴取、記録作成・保存		●	●
	皮膚等障害化学物質への直接接触の防止 （健康障害を起こすおそれのある物質関係）		●	●
	衛生委員会付議事項の追加		●	●
	がん等の遅発性疾病の把握強化		●	
	リスクアセスメント結果等に係る記録の作成保存		●	
	化学物質労災発生事業場等への労働基準監督署長による指示			●
	リスクアセスメントに基づく健康診断の実施・記録作成等			●
	がん原性物質の作業記録の保存		●	
2. 実施体制の確立	化学物質管理者・保護具着用責任者の選任義務化			●
	雇入れ時等教育の拡充			●
	職長等に対する安全衛生教育が必要となる業種の拡大		●	
3. 情報伝達の強化	SDS等による通知方法の柔軟化	●		
	SDS等の「人体に及ぼす作用」の定期確認及び更新		●	
	SDS等による通知事項の追加及び含有量表示の適正化			●
	事業場内別容器保管時の措置の強化		●	
	注文者が必要な措置を講じなければならない設備の範囲の拡大		●	
4. 管理水準良好事業場の特別規則等適用除外			●	
5. 特殊健康診断の実施頻度の緩和			●	
6. 第三管理区分事業場の措置強化				●

資料出所：（厚生労働省）ホームページ　化学物質による労働災害防止のための新たな規制について　参照 本改正の概要資料

（補足）濃度基準値設定物質

　資料5の1、②、（イ）で厚生労働大臣が定めるとされていた物質（濃度基準値設定物質）としてアクリル酸エチル等、67物質及び濃度基準値設定物質ごとに濃度基準値の具体的な数値が、「労働安全衛生規則第577条の2第2項の規定に基づき厚生労働大臣が定める物及び厚生労働大臣が定める濃度の基準」（濃度基準告示）において、次のようにそれぞれ定められました。施行は2024年（令和6年）です。

濃度基準値設定物質及び濃度基準値に関する表の一部

物の種類	八時間濃度基準値	短時間濃度基準値
アクリル酸エチル	2ppm	―
アクリル酸メチル	2ppm	―
アクロレイン	―	0.1ppm※
アセチルサリチル酸（別名アスピリン）	5mg/m³	―
アセトアルデヒド	―	10ppm
アセトニトリル	10ppm	―
アセトンシアノヒドリン	―	5ppm

備考
1　この表の中欄及び右欄の値は、温度25度、1気圧の空気中における濃度を示す。
2　※の付されている短時間濃度基準値は、第二号ロの規定の適用の対象となるとともに、第三号ハの規定の適用の対象となる天井値

（注）
　物質名及び濃度基準値の詳細は濃度基準告示をご覧ください。

資料5　足場関係の法令等の改正について

1　足場からの墜落・転落災害防止対策の背景

　建設業における労働災害で未だに約300人近くの方が亡くなっており、そのうち約4割が墜落・転落災害によるものであり、休業4日以上の死傷災害でも3割を占める状況です。

　足場からの墜落・転落災害への対策については、「足場の組み立て、解体、変更に関わる作業」がある場合には、足場の組み立て解体等の特別教育の受講が、さらに「高さが2メートル以上の箇所であって作業床を設けることが困難なところにおいて、墜落制止用器具のうちフルハーネス型のものを用いて行う作業」がある場合には、労働者はフルハーネス型墜落制止用器具特別教育の受講が必要とされるなど、安全衛生教育を中心に規制が強化されてきました。

　今回の改正の概要は次のとおりです（下記①については令和6年4月1日施行、②及び③は令和5年10月1日施行）。

2　今回の改正の概要

今回の労働安全衛生規則（安衛則）改正ですが、**大きく3点**あります。

①　一側足場の使用範囲の明確化
②　足場の点検時の点検者の指名の義務付け
③　足場の点検後に記録すべき事項に点検者の氏名の追加

「足場からの墜落・転落災害防止総合対策推進要綱」（令和5年3月14日基安発0314第2号。以下「推進要綱」という。）については、足場の組立図の作成の項目に、幅が1メートル以上の箇所における足場の使用時には、本足場を使用しなければならないことが追記されたことと、「安全帯」を「要求性能墜落制止用器具」に変換が主たる改正です。

3　安衛則改正の詳細

（1）本足場の使用（安衛則第561条の2（新設））

　事業者は、幅が1メートル以上の場所で足場を使用するときは、原則として本足場を使用しなければならないことと規定されました。幅が1メートル未満の場所でも可能な限り本足場を使用することが望ましいこととされています。

　さらに、「障害物の存在その他の足場を使用する場所の状況により本足場を使用することが困難なとき」とは、①障害物があり、建地を2本設置することが困難なとき、②本足場を使用することにより建築物等と足場の作業床との間隔が広くなるとき等のような状況ではこの限りではないとなっています。つまり、このような状況下では、一側足場の使用が可能となる訳です。

> **新設の安衛則第561条の2（令和6年4月1日施行）**
>
> （本足場の使用）
>
> 第561条の2　事業者は、幅が1メートル以上の箇所において足場を使用するときは、本足場を使用しなければならない。ただし、つり足場を使用するとき、又は障害物の存在その他の足場を使用する場所の状況により本足場を使用することが困難なときは、この限りでない。

（2）足場の点検時の点検者の指名及び記録（安衛則第567条、第568条、第655条）

　　事業者又は注文者は、つり足場を含む足場について、強風、大雨、大雪等の悪天候、中震以上の地震又は足場の組み立て解体等の後において、足場の作業を開始する前に、点検者を指名し足場の点検及び補修を実施するとともに、その結果及び点検者の氏名について記録・保存しなければなりません。

　　点検者は、足場の組立て等作業主任者であって、足場の組立て等作業主任者能力向上教育を受講した者等の一定の能力を有する者を指名することが望ましいこととされています。推進要綱の別添「安衛則の確実な実施に併せて実施することが望ましい「より安全な措置」等について」の3の（2）に一定の能力を有する者の具体的な内容が示されています。

<h2>4　その他留意する点</h2>

　　安衛則第567条第1項で、その日の作業を開始する前に、作業を行う箇所に設けた足場用墜落防止措置の取り外し及び脱落の有無についての点検にも、点検者の指名が必要とする規定があります。点検者については職長等足場を使用する労働者の責任者から指名することとされています。

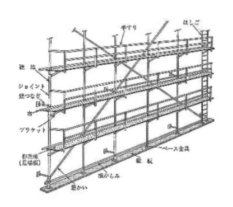

一側足場の例
（（一社）仮設工業会より提供）

本足場の例
（（一社）仮設工業会より提供）

資料出所：（厚生労働省）
　　　　　労働安全衛生規則の一部を改正する省令案の概要（足場等からの墜落・転落防止措置関係）

資料6　貨物自動車からの墜落・転落災害防止に向けて

　貨物自動車は物流の中心的な役割を担っていますが、貨物自動車の荷台等からの転落事故が後を絶ちません。

　このような現状を踏まえて、令和5年3月28日、貨物自動車からの墜落・転落災害の防止対策の強化を内容として労働安全衛生規則（安衛則）が改正され、貨物自動車に荷を積む作業、荷を卸す作業における安全確保対策が強化されました。

　具体的には、貨物自動車の後面に設置されている荷を積み卸すためのリフト（テールゲートリフター）は、荷卸し作業の現場でよく見かける装置ですが、令和6年2月以降、テールゲートリフターを操作して荷を積み卸す業務を行う場合には、特別教育が必要となります。

　このほか、荷を積み卸す作業時の昇降設備の設置や保護帽（ヘルメット）の着用についても関係規則の改正が行われています（令和5年10月1日施行）。

1　テールゲートリフターの操作の業務に関する特別教育

　労働安全衛生法第59条第3項に基づく安衛則第36条の特別教育に「テールゲートリフターの操作の業務」が追加され、さらに安全衛生特別教育規程の改正も行われ、教育のカリキュラムが定められました。

　「テールゲートリフターの操作の業務」には、単にテールゲートリフターの稼働スイッチを操作することだけではなく、テールゲートリフターに備え付けられた荷のキャスターストッパー等を操作すること、昇降板の展開や格納の操作を行うことなど、テールゲートリフターを使用する業務が含まれます。

2　昇降設備の設置義務の拡大

　昇降設備の設置義務が最大積載量5トン以上から2トン以上の貨物自動車に拡大されました。

　「昇降設備」としては、踏み台等の可搬式のもののほか、貨物自動車に備え付けられている昇降用のステップも含まれます。また、テールゲートリフターを中間位置で停止させてステップとして使用する場合には、テールゲートリフターも昇降設備として認められます。

3　保護帽の着用義務の拡大

　荷卸しを行う労働者の保護帽着用義務が、最大積載量5トン以上から2トン以上の貨物自動車に拡大されました。

　具体的には、最大積載量が2トン以上5トン未満の貨物自動車のうち、あおりのない荷台を有する貨物自動車、平ボディ車及びウイング車など、荷台の側面が開放されているものや開閉できるものが対象です。

　また、最大積載量が2トン以上5トン未満の貨物自動車で、テールゲートリフターを使用するときは保護帽の着用が必要となります。

テールゲートリフターの例

資料出所：（厚生労働省）
労働安全衛生規則の一部を改正する省令案等の概要（陸上貨物運送事業関係）

資料7　除じん性能を有する電動工具に係る措置の見直し（石綿障害予防規則の一部改正）

　石綿等の切断等の作業にかかる措置に関して、石綿障害予防規則（以下「石綿則」という。）では、除じん性能を有する電動工具の使用は、その性能についての検証が必要とされたことから、石綿等の湿潤化の代替措置と位置付けることが困難として、努力義務とされていました。

1　改正前の具体的な措置内容

(1)　石綿則第13条第1項において、石綿等の一般的な切断等の作業の措置として、**石綿等の湿潤化の措置を講じること（義務）、この措置が著しく困難な場合は、除じん性能を有する電動工具の使用等の措置を講ずること（努力義務）**

(2)　石綿則第6条の2第3項における建築物等から石綿含有成形品を切断等により除去する作業の措置及び石綿則第6条の3における建築物等から石綿含有仕上げ塗材の電動工具により除去する作業の措置として、**作業場所の隔離、当該石綿等の常時湿潤化等の措置を講じること（義務）**

2　改正後の具体的な措置内容

　最近の文献調査及び実証実験により、除じん性能を有する電動工具の使用は、石綿等を湿潤化した場合と同等以上の石綿等の粉じんの発散低減効果があると認められるため、

(1)　石綿則第13条第1項で規定する措置については、石綿等の湿潤化の措置に限定せず、**石綿等の湿潤化、除じん性能を有する電動工具の使用その他の石綿等の粉じんの発散を防止する措置のいずれかの措置を行うこと（義務）**

(2)　石綿則第6条の2第3項及び石綿則第6条の3で規定する措置については、第14条で規定される有効な呼吸用保護具の使用が義務付けられていることを前提として、作業の状況に応じた、最適な石綿等の粉じん発散防止措置を適切に講ずることができるよう、石綿等の常時湿潤化の措置に限定せず、**石綿等の常時湿潤化、除じん性能を有する電動工具の使用その他の石綿等の粉じんの発散を防止する措置のいずれかの措置を行うこと（義務）**

と、改正されたものです（施行日は令和6年4月1日）。

　なお、(1)に示されている「その他の石綿等の粉じんの発散を防止する措置」とは、封じ込め作業における固化剤の吹付け、除去作業における剥離剤の使用、湿潤化が著しく困難な場合における隔離（囲い込み）等が含まれ、(2)に示されている「その他の石綿等の粉じんの発散を防止する措置」には、剥離剤の使用が含まれるとともに、将来の技術の進歩により、湿潤化と同等以上の粉じんの発散を防止する新たな措置が開発された場合は、別途定めるところにより、当該措置も含まれることとされています。

3 | 除じん性能を有する電動工具に係る性能等

除じん性能の要件、使い方等について、次の要件があります。

(1) 「除じん性能」については、日本産業規格Z8122（コンタミネーションコントロール用語）でいうHEPAフィルタ又はこれと同等以上の性能を有するフィルタを備えた集じん機を用いることが含まれること。

(2) 除じん性能を有する電動工具の使用に当たっては、正しく使用されなければ石綿等の粉じんの発散低減効果が発揮されないため、取扱説明書等に従い、適切に使用するとともに、フィルタの交換等適切なメンテナンスを定期的に行う必要があること。

(3) 除じん性能を有する電動工具の使用に当たっては、石綿等が付着した電動工具の持ち出しを防ぐため、付着した石綿の除去等の措置に留意すること。

石綿則の該当条文	改正前	改正後
第6条の2の3項 ［石綿含有成型品の除去に係る措置］ **第6条の3** （第6条の2の3項を準用） ［石綿含有仕上げ塗材の電動工具に除去に係る措置］	一　略 二　（前略）石綿含有成形品を常時湿潤な状態に保つこと。 三　略	一　略 二　（前略）石綿含有成形品を常時湿潤な状態に保つこと、**除じん性能を有する電動工具を使用することその他の石綿等の粉じんの発散を防止する措置を講ずること。** 三　略
第13条 （石綿等の切断等の作業等に係る措置）	（前略）石綿等を湿潤な状態のものとしなければならない。ただし、石綿等を湿潤な状態のものとすることが著しく困難なときは、除じん性能を有する電動工具の使用その他の石綿等の粉じんの発散を防止する措置を講ずるように努めなければならない。	（前略）石綿等を湿潤な状態のものとすること、**除じん性能を有する電動工具を使用することその他の石綿等の粉じんの発散を防止する措置を講じなければならない。**

資料8　リスクアセスメント対象物健康診断

(資料4. 1. ⑧関係)

　安衛法に基づく従来からの健康診断等に加え、自律的な化学物質管理の一環として、リスクアセスメントの結果に基づいて講ずるばく露防止措置の対応として、化学物質による健康影響の確認のため、関係労働者の意見を聴き、必要があると認める項目について、健康診断を行わなければなりません（令和6年4月1日施行）。

リスクアセスメント対象物健康診断とは

事業者による自律的な化学物質管理の一環として行う健康診断で、次の2種類があります。

●第3項健診（安衛則第577条の2第3項）

　　リスクアセスメント対象物を製造し、又は取り扱う業務に常時従事する労働者に対し、リスクアセスメントの結果に基づき、関係労働者の意見を聴き、必要があると認めるときは、医師又は歯科医師（以下「医師等」という。）が必要と認める項目について、医師等により行われる健康診断です。

●第4項健診（安衛則第577条の2第4項）

　　労働者が濃度基準値を超えて、リスクアセスメント対象物にばく露したおそれがあるときは、速やかに、医師等が必要と認める項目について、医師等により行われる健康診断です。

　したがって、リスクアセスメント対象物健康診断は、有機溶剤中毒予防規則等の特別則に基づく特殊健康診断のように、特定の業務に常時従事する労働者に対して一律に健康診断の実施を求めるものではありません。

リスクアセスメント対象物健康診断の基本的な考え方

　「リスクアセスメント対象物健康診断に関するガイドライン」（令和5年10月17日公表）（以下「ガイドライン」という。）において、この施策の基本的な考え方、留意すべき事項が示されていますので、その概要を紹介します。

1　リスクアセスメント対象物健康診断の実施についての判断方法

　リスクアセスメント対象物健康診断の実施については、化学物質のばく露による労働者の健康障害発生リスクを評価して判断する必要があります。

(1)　**第3項健診の実施の判断について**

　①　リスクアセスメントにおける評価

　　　化学物質に関する次表のばく露情報やばく露防止対策等の実施状況に基づき、労働者の健康障害発生リスクを評価し、労働者の健康障害発生リスクの程度を検討すること

ばく露及びばく露防止対策等の情報
・化学物質の有害性及びその程度
・ばく露の程度や取扱量
・労働者のばく露履歴

・作業の負荷の程度

　　・工学的措置（局所排気装置等）の実施状況

　　・呼吸用保護具の使用状況

　　・皮膚等障害化学物質等を取り扱う場合の不浸透性の保護具の使用状況等

② リスクアセスメント実施の実績がある場合の第3項健診の実施

　　過去にリスクアセスメントを実施して以降、リスクアセスメントを実施していない場合は、安衛則第577条の2第11項に基づく記録の作成の時期に、労働者のリスクアセスメント対象物へのばく露の状況、工学的措置や保護具使用が適正になされているかを確認し、第3項健診の実施の要否を判断することが望ましいこと

③ 第3項健診の実施の要否を判断した後の対応

　　安衛則第577条の2第11項に基づく記録の作成の時期などを捉え、事業者は、前回のリスクアセスメントを実施した時点の作業条件等から変化がないことを定期的に確認し、作業条件等に変化がある場合は、リスクアセスメントを再実施し、第3項健診の実施の要否を判断し直すこと

（第3項健診の流れは、次の図のとおりです。）

リスクアセスメント対象物健康診断の流れ

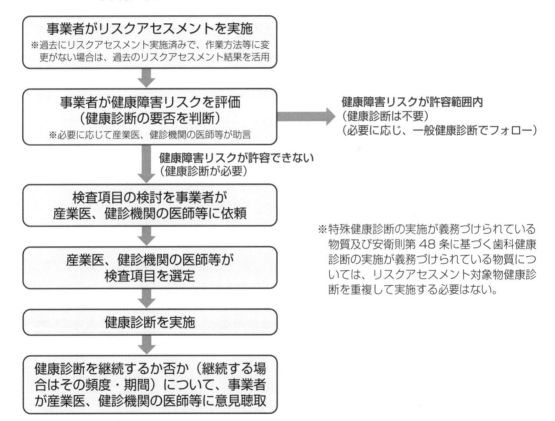

(2) **第4項健診の実施の判断について**

　　第4項健診については、以下のいずれかに該当する場合は、労働者が濃度基準値を超えてばく露したおそれがあることから、速やかに実施する必要があります。

　　リスクアセスメントにおける実測、数理モデルによる呼吸域の濃度の推計又は定期的な濃度測定による呼吸域の濃度が、濃度基準値を超えていること等の評価により、労働者のばく露の程度を濃度基準値以下に抑制する措置として、局所排気装置等の工学的措置の適正な実施又は呼吸用保護具の適正な使用等の対策を講じる必要があ

るにも関わらず、以下のような状況が生じている場合です。

健診を実施すべき状況
・局所排気装置が正常に稼働していない等、工学的措置が適切に実施されていないこと
・労働者が必要な呼吸用保護具を使用していないこと
・労働者による呼吸用保護具の使用方法が不適切で要求防護係数が満たされていないと考えられる場合
・その他、工学的措置や呼吸用保護具でのばく露の制御が不十分な状況が生じていること
・漏洩事故等により、濃度基準値がある物質に大量ばく露した場合（この場合、まずは医師等の診察を受けることが望ましい。）

2 リスクアセスメント対象物健康診断を実施する場合の対象者の選定方法等

(1) 対象者の選定方法

リスクアセスメント対象物健康診断を実施する場合の対象者の選定は、個人ごとに、健康障害発生リスクの評価及び健康診断の実施の要否を判断することが原則ですが、同様の作業を行っている労働者についてはまとめて評価・判断することも可能です。また、漏洩事故等によるばく露の場合は、ばく露した労働者のみを対象者としてよいこととされています。

なお、安衛則第577条の2第3項に規定される労働者には、業務に従事する時間や頻度が少なくても、反復される作業に従事している者を含みます。

(2) 労働者に対する事前説明

リスクアセスメント対象物健康診断は、検査項目が法令で定められていないことから、当該健康診断を実施する際には、当該健康診断の対象となる労働者に対し、設定した検査項目について、その理由を口頭、メール等で説明することが望ましいとされています。

3 リスクアセスメント対象物健康診断の実施頻度及び実施時期

(1) 第3項健診の実施頻度

第3項健診の実施頻度は、健康障害発生リスクの程度に応じて、産業医等の意見に基づき事業者が判断します。具体的な実施頻度は、次表のように設定することが考えられます。

健康障害発生リスク	頻　　度
①皮膚腐食性／刺激性、眼に対する重篤な損傷性／眼刺激性、呼吸器感作性、皮膚感作性等による急性の健康障害発生リスクが許容される範囲を超えると判断された場合	6月以内に1回
②がん原性物質等の化学物質にばく露し、健康障害発生リスクが許容される範囲を超えると判断された場合	業務におけるばく露があり、健康障害発生リスクが高い労働者を対象とすることから、がん種によらず1年以内ごとに1回
③上記①、②以外の健康障害（歯科領域の健康障害を含む。）発生リスクが許容される範囲を超えると判断された場合	3年以内ごとに1回

⑵　第4項健診の実施時期

　　第4項健診は、濃度基準値を超えてばく露したおそれが生じた時点で、事業者及び健康診断実施機関等の調整により合理的に実施可能な範囲で、速やかに実施する必要があります。また、濃度基準値以下となるよう有効なリスク低減措置を講じた後においても、急性以外の健康障害（遅発性健康障害を含む。）が懸念される場合は、産業医等の意見も踏まえ、必要な期間継続的に健康診断を実施することを検討する必要があります。

4　リスクアセスメント対象物健康診断の検査項目

⑴　検査項目の設定に当たって参照すべき有害性情報

　　リスクアセスメント対象物健康診断を実施する医師等は、事業者からの依頼を受けて検査項目を設定するに当たっては、まず濃度基準値がある物質の場合には濃度基準値の根拠となった一次文献における有害性情報を参照します。それに加えて、濃度基準値がない物質も含めてSDSに記載されたGHS分類に基づく有害性区分及び有害性情報を参照します。

　　その際、GHS分類に基づく有害性区分のうち、急性毒性、生殖細胞変異原性、誤えん有害性、生殖毒性等の有害性に応じた対応はガイドラインの指示に従うこととなります。

　　歯科領域のリスクアセスメント対象物健康診断は、クロルスルホン酸、三臭化ほう素、5, 5－ジフェニル－2, 4－イミダゾリジンジオン、臭化水素及び発煙硫酸の5物質を対象とします。

⑵　検査項目の設定方法

① 第3項健診の検査項目

　　業務歴の調査、作業条件の簡易な調査等によるばく露の評価及び自他覚症状の有無の検査等を実施します。必要と判断された場合には、標的とする健康影響に関するスクリーニングとなる検査項目を設定します。

② 第4項健診の検査項目

・「八時間濃度基準値」を超えてばく露した場合で、ただちに健康影響が発生している可能性が低いと考えられる場合は、業務歴の調査、作業条件の簡易な調査等によるばく露の評価及び自他覚症状の有無の検査等の実施

・ばく露の程度を評価することを目的に生物学的ばく露モニタリング等が有効であると判断される場合は、その実施も推奨

・長期にわたるばく露があるなど、健康影響の発生が懸念される場合には、急性以外の標的影響（遅発性健康障害を含む。）のスクリーニングとなる検査項目を設定

・「短時間濃度基準値（天井値を含む。）」を超えてばく露した場合は、主として急性の影響に関する検査項目を設定

・ばく露の程度を評価することを目的に生物学的ばく露モニタリング等が有効であると判断される場合は、その実施も推奨

③ 歯科領域の検査項目

　　スクリーニングとしての歯科領域に係る検査項目は、歯科医師による問診及び歯牙・口腔内の視診です。

5 配置前及び配置転換後の健康診断

　リスクアセスメント対象物健康診断には、配置前の健康診断は含まれていませんが、配置前の健康状態を把握しておくことが有意義であることから、一般健康診断で実施している自他覚症状の有無の検査等により健康状態を把握する方法が考えらます。

　また、化学物質による遅発性の健康障害が懸念される場合には、配置転換後であっても、例えば一定期間経過後等、必要に応じて、医師等の判断に基づき定期的に健康診断を実施することが望ましく、配置転換後に健康診断を実施したときは、リスクアセスメント対象物健康診断に準じて、健康診断結果の個人票を作成し、同様の期間保存しておくことが望ましいとされています。

6 リスクアセスメント対象物健康診断の対象とならない労働者に対する対応

　リスクアセスメント対象物健康診断の対象とならない労働者としては、次のような労働者が該当します。

① リスクアセスメント対象物以外の化学物質を製造し、又は取り扱う業務に従事する労働者

② リスクアセスメント対象物に係るリスクアセスメントの結果、健康障害発生リスクが許容される範囲を超えないと判断された労働者

　これらの労働者については、定期健康診断で実施されている業務歴の調査や自他覚症状の有無の検査において、化学物質を取り扱う業務による所見等の有無について留意することが望ましく、また、労働者について業務による健康影響が疑われた場合は、当該労働者については早期の医師等の診察の受診を促し、②の労働者と同様の作業を行っている労働者については、リスクアセスメントの再実施及びその結果に基づくリスクアセスメント対象物健康診断の実施の検討が進められています。

　なお、これらの対応が適切に行われるよう、事業者は定期健康診断を実施する医師等に対し、関係労働者に関する化学物質の取扱い状況の情報を提供することが望ましく、また、健康診断を実施する医師等が、同様の作業を行っている労働者ごとに自他覚症状を集団的に評価し、健康影響の集積発生や検査結果の変動等を把握することも、異常の早期発見の手段の一つとされています。

7 リスクアセスメント対象物健康診断の費用負担

　リスクアセスメント対象物健康診断の費用負担は、次のとおり整理されています。

① リスクアセスメント対象物健康診断は、リスクアセスメント対象物を製造し、又は取り扱う業務による健康障害発生リスクがある労働者に対して実施するものであることから、その費用は事業者が負担しなければならないこと

② 派遣労働者については、派遣先事業者にリスクアセスメント対象物健康診断の実施義務があることから、その費用は派遣先事業者が負担しなければならないこと

③ リスクアセスメント対象物健康診断の受診に要する時間の賃金については、労働時間として事業者が支払う必要があること

8 既存の特殊健康診断との関係について

　特殊健康診断の実施が義務づけられている物質及び安衛則第48条に基づく歯科健康診断の実施が義務づけられている物質については、リスクアセスメント対象物健康診断を重複して実施する必要はありません。

引用参考文献「改訂9版　図解よくわかる労働安全衛生法」(木村嘉勝著　労働調査会)

改訂7版　労働安全衛生法のポイント

平成27年2月13日　改訂版発行
令和4年9月20日　改訂5版発行
令和5年5月31日　改訂6版発行
令和6年3月25日　改訂7版発行

編　者　労働調査会
監　修　田中 正晴
発行人　藤澤 直明
発行所　労働調査会
　　　　〒170-0004 東京都豊島区北大塚 2-4-5
　　　　TEL　03-3915-6401（代表）
　　　　FAX　03-3918-8618
　　　　https://www.chosakai.co.jp

ISBN978-4-86788-031-9 C2032